Götz Krummheuer
Der mathematische Anfangsunterricht

Götz Krummheuer

Der mathematische Anfangsunterricht

Anregungen für ein neues Verstehen früher mathematischer Lehr-Lern-Prozesse

3. Auflage 2002

Beltz Verlag · Weinheim und Basel

Über den Autor:

Götz Krummheuer, Dr. phil. habil., Jg. 50, ist Professor für Mathematikdidaktik an der Johann Wolfgang Goethe-Universität, Frankfurt am Main

Die 1. und 2. Auflage ist im Deutschen Studien Verlag, Weinheim, erschienen.

Druck nach Typoskript

www.beltz.de
Druck: DruckPartner Rübelmann, Hemsbach
Printed in Germany

ISBN: 3-407-32019-1

INHALT

VORWORT

Jedes Mitglied unseres Kulturkreises vermittelt den Eindruck, als könne es Vorgänge aus der Schule recht gut begreifen und deuten. Bei höheren Schulstufen mag es einige Einschränkungen geben, weil man den Unterrichtsstoff nicht mehr zu verstehen glaubt. Aber im Hinblick auf die Grundschule gilt dies offenbar nicht. Hier kann sich jeder darauf berufen, diesen Unterricht einmal selbst "gründlich" genossen zu haben und auf dieser Erfahrungsbasis als kompetenter Interpret zu gelten. Häufig hat man den Eindruck, als bestehe Einigkeit darüber, daß gerade der mathematische Anfangsunterricht besonders leicht zu verstehen sei: Es gehe um das "kleine Einspluseins" und um das "kleine Einmaleins", ein wenig Geometrie und Sachaufgaben von der einfachsten Art. Hier passiere nicht viel Ungewöhnliches, alles sei im Prinzip klar.

Auch alle wissenschaftlichen Bemühungen, in Unterrichtsprozesse mehr Licht zu bringen, sie also besser verstehen zu wollen, beginnen notwendigerweise mit diesen Alltagserfahrungen von Schule. Sie können und dürfen dabei aber nicht stehen bleiben. Bei einem genaueren Blick auf das Unterrichtsgeschehen zeigt sich schnell, daß vieles zunächst unerklärlich bleibt, daß man vieles doch nicht sofort versteht.

Dies Buch möchte helfen, ein solches genaueres Hinsehen zu einem erkenntnisgewinnenden Unternehmen werden zu lassen. Es konzentriert sich dabei auf den mathematischen Anfangsunterricht. Es versucht drei Perspektiven zu entfalten: Den Blick auf

- das sich um mathematische Einsicht mühende **Kind**,
- das Mathematik hervorbringende **Unterrichtsgespräch** und
- die mathematische Lerngelegenheit anbietende **Lehrperson.**

Insgesamt ist hiermit die Hoffnung verbunden, daß der Leser schrittweise seine gewohnte Sichtweise auf den Unterricht überdenkt, weiterentwickelt, verändert und auf diesem Weg sein Verständnis vom mathematischen Anfangsunterricht modifiziert, so daß er zum Schluß diese Unterrichtsprozesse **neu** versteht.

Dieses Buch ist aus einer Vorlesung an der Pädagogischen Hochschule in Karlsruhe entstanden. Ich danke den Studentinnen und Studenten für ihre vielfältigen Rückmeldungen. Ebenso sei Heinrich Bauersfeld für seine hilfreiche Unterstützung gedankt.

EINLEITUNG

Der mathematische Anfangsunterricht gehört u. a. zu den Beschäftigungsfeldern der Mathematikdidaktik. D. h., hier wird mit Hilfe einer *interdisziplinär* orientierten Wissenschaft Mathematikunterricht zu analysieren versucht. Diese Analyse bezieht sich dabei sowohl auf ein *Verstehen-Wollen* einer bereits vorliegenden mathematischen Unterrichtspraxis als auch auf ein *Beeinflussen-Wollen* dieser Praxis. Diese beiden Ziele sind eng miteinander verwoben. So setzt naheliegender Weise ein Beeinflussen-Wollen ein hinreichendes Verstehen der Unterrichtspraxis voraus. Aber auch umgekehrt läßt sich das Verstehen-Wollen oft erheblich verbessern, wenn man systematische Beeinflussungsversuche durchführt, dokumentiert und analysiert.

In einem Buch kann man schlecht die mathematische Unterrichtspraxis direkt beeinflussen wollen. Dazu sind Autor und Leser viel zu weit weg vom Unterricht. Hier soll aber folgendes zu leisten versucht werden:

Die Darstellung relevanter Theoriebestände, die zu einem differenzierten Verstehen der mathematischen Praxis im Anfangsunterricht befähigen.

Auf dieser Basis kann gegebenenfalls eine reflektierte Beeinflussung dieser Unterrichtspraxis geplant und vorgenommen werden. Hierzu wird in den letzten Abschnitten dieses Buches ausführlicher Stellung genommen.

Verstehen-Wollen von mathematischen Unterrichtsprozessen beruht im wesentlichen auf Interpretationsversuchen dieser Prozesse. Hierzu benötigt man Beschreibungs*mittel*, die möglichst reflektiert eingesetzt werden sollten: Man beschreibt ein Stück Unterrichtswirklichkeit nicht irgendwie oder wie es einem gerade einfällt. Vielmehr legt man die *Perspektive* offen, mit der man auf diesen Wirklichkeitsausschnitt blicken will. Man gibt gleichsam Rechenschaft ab über die Brille, mit der man auf das Geschehen blickt, und über deren Eigenschaften. Auf diese Weise versucht man zu klären, *was* es ist, das man durch die Brille sieht.

Ein mögliches Beschreibungsmittel ist die Mathematik. Dieses Beschreibungsmittel ist begrifflich sehr entwickelt und beruht auf einer elaborierten mathematischen Theorie. Die zugehörige Sichtweise möchte ich als die "Perspektive auf den Inhalt" bezeichnen. Unter dieser Perspektive interessiert, welche mathematischen Begriffe und Verfahren im Unterricht behandelt werden. Ferner lassen sich auch abweichende oder als fehlerhaft zu bezeichnende Begriffsbildungen im Unterricht oder bei einzelnen Schülern damit identifizieren.

Das Phänomen "Mathematikunterricht" läßt sich aber noch unter anderen Perspektiven als der seiner Inhaltlichkeit betrachten. So kann man z. B. auch ein Interesse haben, auf

- das Denken und Handeln des Kindes,
- das Funktionieren von Unterricht oder
- das Denken und Handeln des Lehrers

zu schauen.

Mit der *Perspektive auf das Kind* versucht man Fragen anzugehen, die die Entwicklung der Kenntnisse und Fähigkeiten beim einzelnen Schüler betreffen. Sowohl die konstruktiven mathematischen Leistungen als auch die Fehler beim Rechnen werden hier untersucht. Hierzu bedient man sich psychologischer Beschreibungsmittel, insbesondere solcher aus der kognitiven Lernpsychologie.

Unter der *Perspektive auf das Unterrichtsgeschehen* analysiert man die Formen und die Entstehung der Zusammenarbeit, wie sie sich im Unterricht herausbilden. Hier interessieren u. a. Annäherungen und Brüche zwischen den je individuellen Deutungen mathematischer Handlungen. Für derartige Fragestellunggen greift man auf soziologische Beschreibungsmittel zurück.

Richtet man die *Perspektive auf den Lehrer* so ist man z. B. daran interessiert, wie ein Lehrer seinen Unterricht vorbereitet, wie er im Unterricht Entscheidungen trifft, welche Möglichkeiten er hat, seine Ziele verwirklichen zu können, was er von seinem Unterricht wahrnimmt und weiß usw. Hier wird man wieder auf geeignete psychologische Theorien zurückgreifen aber auch didaktische und methodische Überlegungen zur Unterrichtsgestaltung mit heranziehen müssen.

Ziel dieses Buches ist somit, ein perspektiv-bezogenes Begriffsnetz zu entfalten, das möglichst relevante Faktoren der Entstehung und Beeinflussung mathematischer Unterrichtswirklichkeiten zu erfassen vermag. Die Perspektiven auf das Kind, das Unterrichtsgeschehen und den Lehrer werden nacheinander behandelt. Der Blick auf den Inhalt wird dagegen je nach Gegebenheit an konkreten Fragestellungen aufgegriffen und in Form von Exkursen abgehandelt. Auf diese Weise entsteht ein zunehmend enger geflochtenes Netz von Beschreibungsmöglichkeiten für den mathematischen Anfangsunterricht.

Als Grobgliederung ergibt sich:

1. Problemaufriß: Der mathematische Anfangsunterricht vor neuen Aufgaben
2. Perspektive auf das Kind: Lernpsychologische Aspekte im Mathematikunterricht
3. Perspektive auf das Unterrichtsgeschehen: Soziologische Analysen mathematischer Unterrichtsprozesse
4. Perspektive auf die Lehrperson: Der Lehrer, seine Handlungsspielräume und Gestaltungsmöglichkeiten

1. PROBLEMAUFRISS: DER MATHEMATISCHE ANFANGSUNTERRICHT VOR NEUEN AUFGABEN

Die Diskussion über den Mathematikunterricht der Grundschule beginnt wieder lebendiger zu werden. Der Schock über die Mengenlehre scheint sich langsam zu lösen. Nach einer mehrjährigen Pause und Agonie wächst das allgemeine Interesse an der Grundschule wieder. Das Versinken der Diskussion um die Grundschule in den letzten Jahren in eine Art Dornröschenschlaf hat bekannte Gründe: Nach einer virulenten Diskussion über die Mengenlehre, machte sich Frustration, Enttäuschung und Resignation breit, und ein jeder zog sich gleichsam in sein stilles Kämmerlein zurück zur stillen Besinnung. Das Thema Schule und insbesondere das Thema Grundschule war für Jahre in der öffentlichen Diskussion tabu.

Aber Schule ist aus didaktischer Sicht ein ständiges Problemgebiet gesellschaftlicher Reflexion. Wird dies über längere Zeit totgeschwiegen, so bricht häufig die Diskussion danach umso virulenter wieder auf. Prinzipiell stehen Schule und ihre Unterichtsfächer unter dem permanenten Druck der Anpassung und Weiterentwicklung in bezug auf die sich verändernden gesellschaftlichen Anforderungen an Erziehung. Der Pädagoge DIEDERICH (1988) formuliert dies so:

> "Jede Elterngeneration stellt sich erneut das Problem, das Aufwachsen der Kinder mit viel oder wenig Erziehung zu begleiten" (S. 7).

Dies ist ein Problem,

> "das immer wieder entsteht und deshalb nie endgültig gelöst werden kann; es gilt als 'klassisch', denn es hat die paradoxe Eigenschaft, auf Dauer aktuell zu sein" (S.7).

Auch der Mathematikunterricht verändert sich permanent. Dies erkennt man bereits äußerlich daran, daß ständig

- Schulbücher überarbeitet oder neu entworfen werden und
- Kommissionen damit beschäftigt sind, die Rahmenrichtlinien im Hinblick auf neuere Anforderungen zu überarbeiten, zu ergänzen und zu verändern.

In den letzten zehn Jahren zeichnete die Problemlösung des permanent aktuellen Problems der Erziehung sich in bezug auf den Mathematikunterricht der Grundschule durch eine rückschauende negativ-kritische Reflexion über die Mengenlehre-Epoche und durch das Wiederaufgreifen tradierter methodischer Elemente im Arithmetikunterricht aus. An die durch den Wegfall der Mengenlehre entstandenen freien Stellen des Mathematikcurriculums trat im wesentlichen Bewährtes und Altes aus der Rechenmethodik füherer Jahre.

Eine Rückbesinnung auf Bewährtes und dessen Aufbereitung für ein neues Curriculum hat sicherlich seine guten Seiten. Auf methodischer Seite werden vor allem die vorhandenen Erfahrungen über einen funktionierenden Mathematikunterricht in der Grundschule wieder aufgegriffen und weiter kultiviert. Es werden hier keine Experimente mit ungewissem Ausgang unternommen.

Auf ein bewährtes methodisches "know how" wird man wohl nie verzichten können. Lerntheoretische, lehr-lern-theoretische und mathematische Theorien zum Mathematikunterricht sind von ihrem Charakter her nicht soweit entwickelbar, daß man direkt methodisch-pragmatische Schlüsse aus ihnen ziehen könnte. Hierüber wird noch mehrmals zu sprechen sein.

Der Rückgriff und die Besinnung auf methodisch Bewährtes freilich löst nicht von selbst die aufkommenden neuen bzw. unter der Oberfläche längst wirkenden Probleme des Mathematikunterrichts der heutigen Zeit. Es kann dagegen durchaus passieren, daß unbeabsichtigt die Verdrängung solcher aktuellen Problem unterstützt wird. Die aktuellen Probleme benötigen eine erneute Diskussion des Mathematikunterrichts in der Grundschule. Das zu Anfang angedeutete Aufkommen einer neuen

Diskussion um den Mathematikunterricht deute ich als Hinweis auf drängende noch nicht hinreichend bewußte Probleme.

Ich möchte hier ohne den Anspruch einer systematischen Aufarbeitung derzeitiger Probleme des Mathematikunterrichts drei mir wichtig erscheinende Problembereiche herausgreifen:

a) die zunehmenden Schwierigkeiten einer einigermaßen wohl geordneten Unterrichtsdurchführung,
b) das Eindringen von Taschenrechnern und Computern in das Alltagsleben von Grundschulkindern und ihre Auswirkung auf den Arithmetikunterricht der Grundschule und
c) die nicht schwindende Problematik unterschiedlicher, kulturell bedingter Erwartungen an den Mathematikunterricht durch Kinder ausländischer Zuwanderer.

Zu den drei Punkten soll kurz Stellung genommen werden:

1. 1. SCHWIERIGKEITEN BEI DER UNTERRICHTSDURCHFÜHRUNG

Die Klagen von Grundschullehrerinnen über die zunehmenden Schwierigkeiten, Unterricht - gerade zu Beginn der Schulzeit durchzuführen werden immer lauter. Eine plastische Beschreibung dieses Zustands stammt von RAUSCHENBERGER (1989):

> Jede GrundschullehrerIn der späten achtziger Jahre wird berichten können, daß es besonders im ersten Schuljahre eine zunehmende Häufung von prekären Situationen gibt, die vor Jahren undenkbar gewesen wären. Da gibt es Kinder, die einfach nicht mittun, wenn alle anderen sich in einen Kreis setzten sollen, um zu erzählen oder zu singen oder ein Spiel zu machen. Da sind welche, die bei jeder persönlichen Anrede durch die LehrerIn unter einen Tisch kriechen. Da kommt es vor, daß in einer ganz gewöhnlichen Grundschulklasse einige Kinder auf dem Schrank sitzen und mit guten Worten nicht herunterzubringen sind. Da ist es der Fall, daß ein Kind es nicht ertragen kann, daß ein anderes gelobt wird; es steigt auf seinen Stuhl und versucht seinen Konkurrenten zu übertreffen. Und da gibt es in vielen Klassen Kinder, die offenbar den Kontakt mit anderen nur dadurch aufnehmen können, daß sie ihnen wehtun - obwohl sie selbst die gleiche Behandlung von anderen mit bitteren Tränen quittieren (S. 8f.).

Schule muß sich vermehrt um gestörte, geschwächte, auffällige, unangepaßte, aggressive, antriebsschwache, ängstliche, vereinsamte, verlassene und/oder trennungsgeschädigte Kinder kümmern. Tut dies auch der mathematische Anfangsunterricht angemessen, wenn er sich methodisch und curricular an den Vor-Mengenlehre-Unterricht orientiert? Helfen die bewährten Rechenmethodiken der früheren Jahre wie erwartet?

Hier kann keine umfassende Antworten geliefert werden. In diesem Buch wird aber zunehmend deutlicher herausgearbeitet, daß die Bedeutung der sozialen Umgangsformen im Mathematikunterricht für das Mathematiklernen sehr viel größer ist, als dies in den traditionellen psychologisch und stoffdidaktisch orientierten Auffassungen von Unterricht der Fall ist.

An einigen demographischen Daten soll der dramatische Umbruch in den Sozialisationsbedingungen für die Kinder der heutigen Zeit beispielhaft verdeutlicht werden.

1.1.1. DEMOGRAPHISCHE DATEN ZU DEN FAMILIEN VON VOR- UND GRUNDSCHULKINDERN

Die folgenden Ausführungen orientieren sich an dem Aufsatz von GUTSCHMIDT (1989). Sie arbeitet Daten auf, die aus dem sogenannten Mikrozensus aus dem Jahre 1985, veröffentlicht im Statistischen Jahrbuch 1987, stammen. Auf die folgenden vier Punkte soll hier eingegangen werden: Familie, Beruf, Finanzen und Lebenswelt der Kinder.

FAMILIE

Im Jahre 1985
- sind 10% der zur Welt gekommenen Kinder unehelich geboren,
- sind 30% der Ehen geschieden worden[1],
- sind bei der Scheidung 86% der Kinder der Mutter und 14% dem Vater zugesprochen worden,
- haben bei verheirateten Eltern 53% der Familien Einzelkinder und bei alleinerziehenden Elternteilen 73% Einzelkinder.

BERUF

Bei den
- alleinerziehenden Elternteilen sind 67% und bei den
- verheirateten Eltern sind nur 40% beider Elternteile

vollzeitig berufstätig.

---

1 Zumeist sind hierbei auch Kinder unter 18 Jahren mitbetroffen; die Wiederverheiratungsquote ist allerdings unbekannt.

Berufstätigkeit der Eltern zieht das Problem der Nachmittagsbetreuung mit sich. Hier gibt es zum einen private Regelungen, wie z. B. die Oma oder eine Tagesmutter. Auch sind öffentliche Angebote vorhanden, wie Kinderhort, Jugendgruppen, Musikunterricht, Sportverein usw. Insgesamt zeigt sich, daß in vielen Fällen die Berufstätigkeit der Eltern nicht notwendig zu einer sozialen Vernachlässigung des Kindes führen muß. Freilich steigt der Bedarf an Planung und die Freizeit des Kindes wird einem strengen zeitlichen Korsett unterworfen.

FINANZEN

Finanziell gesehen geht es den alleinerziehenden Müttern am schlechtesten: Sozialhilfe erhielten z.B.

- 15% der ledigen
- 14% der getrennt lebenden und
- 14% der geschiedenen

Mütter.

Ein zusätzliches Problem stellen die unregelmäßigen Unterhaltszahlungen der Väter dar. Nur

- 53% der ledigen und
- 42% der geschiedenen

Mütter erhalten regelmäßig und in voller Höhe den Ihren Kindern zustehenden finanziellen Unterhalt.

LEBENSWELT DES KINDES

Viele Ehen werden während der Schulzeit der Kinder geschieden. Dies hat für die Kinder neben den traumatisch-psychischen Belastungen zur Folge, daß sie häufig den Wohnort und die Schule wechseln müssen. Ferner tritt häufig unvorbereitet eine Vereinsamung ein, weil nun beide Elternteile arbeiten gehen. Zudem ist eine Scheidung für die Kinder mit einer Verschlechterung ihrer finanziellen Lage verbunden.

Geld, etwa in der Stituation des Einkaufens, spielt im mathematischen Anfangsunterricht eine ganz große Rolle. Es zählt als eines der wenigen Anwendungsbeispiele für arithmetische Kenntnisse im ersten Schuljahr. Hat man sich hier jemals überlegt, wie ein Kind mit Geld rechnen möchte, wenn es gerade eine relative Verarmung erlebt?

1.1.2. NEUE TECHNOLOGIEN IN DER GRUNDSCHULE

Taschenrechner und Computer sind z. Z. im Mathematikunterricht der Grundschule in Deutschland nicht erlaubt. Dies ist in anderen Ländern wie der USA, England und Frankreich nicht der Fall. Dort werden sie nicht nur von staatlicher Seite geduldet, sondern ihr Einsatz wird gezielt gefördert. Die Erfolge scheinen auf den ersten Blick sicherlich nicht überwältigend. Aber die absehbare Entwicklung im Bereich der Computer wird eine eigene Auseinandersetzung mit Computern in der Grundschule aus didaktischer Sicht erforderlich machen.

In privaten Haushalten ist dagegen die Verfügbarkeit von Taschenrechner fast flächendeckend gegeben, und auch der Computer greift immer weiter um sich. Besorgte Eltern können mittlerweile in besser sortierten Supermärkten Übungsprogramme für ihre Grundschulkinder zu den vier Grundrechnungsarten für weniger Geld erwerben, als eine Nachhilfestunde kosten würde.

Die Folgen sind, daß sich im außerschulischen Bereich Erfahrungen der Grundschulkinder über Zahlen und arithmetische Operationen breitmachen, die im Mathematikunterricht nicht hinreichend berücksichtigt werden. Was z. B. helfen Aufgabenkästchen zur schriftlichen Addition, wenn diese Aufgaben zuhause mit dem Taschenrechner gerechnet werden?

Ich meine nicht, daß man das Lernen der schriftlichen Rechenverfahren in der Grundschule wegen der Computer abschaffen soll. Ich stelle hier nur die Frage, ob die derzeitig entwickelten Methodiken zur Einführung und Hinführung zu diesen Verfahren angemessen sind. Diese Methodiken beruhen auf einer langen Tradition, aber eben einer Tradition, die überhaupt nicht von der elektronischen Datenverarbeitung beeinflußt war. Interessanterweise wird insbesondere von solchen Mathematikdidaktikern die Verwendung von Taschenrechnern empfohlen, die sich mit rechenschwachen Kindern beschäftigen. LÖRCHER & RÜMMELE (1987) und LORENZ & RADATZ (1993) sehen hierin ganz nüchtern eine Erleichterung.

1.1.3. AUSLÄNDERKINDER

Die Ausländerproblematik schien vor einigen Jahren ihren Boom gehabt zu haben und sich anschließend mangels ausländischer Schüler von selbst aufgelöst zu haben. Es hat den Anschein, als ob hierdurch nur noch vorwiegend in Deutschland geborene Ausländerkinder unsere Schule besuchen, die aufgrund ihres Aufwachsens in Deutschland fast gar keine Sprachprobleme mehr aufweisen. Das Problem der sogenannten "Quereinsteiger", also solcher Kinder, die bereits einige Schuljahre in ihrem Heimatland hinter sich gebracht haben, bevor sie nach Deutschland gekommen sind, scheint kaum noch relevant zu sein. Das Problem für die Schule ist dabei aber gar nicht so sehr die Sprache. Vielmehr werden wir hier mit ungewohnten Erziehungserwartungen konfrontiert, die bei den Kindern zu Verunsicherungen und Leistungsverweigerungen führen können.

Im Rahmen dieses Buches kann es nicht darum gehen, diese genannten Probleme zu lösen. Ihre Erwähnung sollte dazu dienen, bewußt zu machen, daß die Grundschule und darin der Mathematikunterricht vor neuen aktuellen Probleme stehen, zu denen Lösungen gefunden werden müssen und an denen der derzeitige konzeptionalisierte Mathematikunterricht aus der Nach-Mengenlehre-Zeit gemessen werden muß.

1.2. KONTUREN EINER NEUEN GRUNDSCHULE

Schlagwortartig lassen sich folgende Veränderungsdimensionen aufzeigen (zum folgenden s. BAUERSFELD 1992, S. 8/9).

- Die Grundschule muß mehr Möglichkeiten für soziale Erfahrungen anbieten, als sie dies bisher für ihre Aufgabe ansah. Der Anfangsunterricht ist hier besonders gefragt.
- Die Grundschule muß prinzipiell anders funktionieren, sowohl hinsichtlich der Arbeits- und Kooperationsformen als auch hinsichtlich der stofflichen Dimension.
- Die Grundschule muß möglicherweise früher beginnen; z. B. mit einer zweijährigen Vorschule, die das erste Schuljahr ersetzt. In Frankreich wird dies mit den "écoles maternelles", in England mit den "infant schools" bereits praktiziert. In Deutschland ist man über das Modellversuchsstadium noch nicht hinausgekommen.
- Die Grundschule muß stärker fächerübergreifend arbeiten.

Solche Veränderungen benötigen anders agierende Grundschullehrerinnen und -lehrer, und damit wird auch für sie eine andere Ausbildung nötig als bisher. STRUCK (1992) formuliert hierzu:

> "So wie die Schule heute gestaltet ist, ist sie ein Resultat der Wissenschafts- und Technologiegläubigkeit der 60er Jahre ... Lehrer werden demzufolge immer noch als fachlich kompetente Stundengeber ohne Erziehungsauftrag ausgebildet und in einem nicht-kindgemäßen Kurssystem eingesetzt, das die starke pädagogische Kraft einer intakten Familie ... voraussetzt" (S. 167).

Dies ist eine generelle Kritik an unseren Schulen. Sie trifft sicherlich für den Sekundarstufenbereich mehr zu als für die Grundschule. Dennoch muß man auch für den Anfangsunterricht im Auge behalten, inwieweit hier die Dominanz der fachliche Dimensionen in der Ausbildung wie auch in der Ausübung des Lehrerberufs den Blick auf diese neuen Anforderungen verstellt.

2. LERNPSYCHOLOGISCHE ASPEKTE IM MATHEMATIKUNTERRICHT

In diesem Abschnitt soll über das Mathematiklernen gesprochen werden, d.h. es wird die Perspektive auf das Kind eingenommen. In den Lern- und Entwicklungstheorien der Psychologie werden gemeinhin drei große Entwicklungsbereiche unterschieden: der

- kognitive
- affektive und
- psychomotorische Bereich.

Unter dem *kognitiven* Bereich subsumiert man Phänomene des Erinnerns und Erkennens von Wissen sowie die Entwicklung intellektueller Fertigkeiten und Fähigkeiten. *Affektive* Prozesse sind solche psychischen Prozesse, die sich auf "Veränderungen von Interesse, Einstellungen und Werten und die Entwicklung von Wertschätzungen und geeignetem Anpassungsvermögen" beziehen (BLOOM 1973, S. 20). Der *psychomotorische* Entwicklungsbereich hat mit den Manipulationen oder motorischen Fertigkeiten eines Individuums zu tun. Es dürfte verständlich sein, daß in bezug auf das Mathematiklernen vor allem kognitve Lerntheorien bedeutsam sind.

Der *Untersuchungsgegenstand* hier ist das Individuum oder präziser die kognitive Struktur, die das Wissen eines Individuums repräsentiert. Schlüsse auf diese kognitive Struktur eines Individuums kann man ziehen, indem man unter geeignet erscheinenden Bedingungen das Verhalten oder das Handeln eines Individuums beobachtet und mit theoretisch abgeleiteten Begriffen und Hypothesen zu analysieren versucht. Die Lern-Psychologie ist also empirisch ausgerichtet: Unter ihr versucht man die Lernfortschritte eines Individuums in konkreten Situationen zu beobachten und theoretisch zu beschreiben.

Das Mathematiklernen kann man allgemein verstehen als den individuellen Prozeß kognitiver Umstrukturierung, der sich auf Wissen bezieht, das man der Mathematik zuordnen kann.

Die kognitive Struktur ist eine theoretische Modellierung des Wissenssystems eines Individuums. Diese Struktur beruht auf Kenntnissen und Fertigkeiten, die im Gedächtnis des Individuums verortet sind. Prinzipiell ist jede kognitionspsychologische Theorie somit zugleich auch eine Gedächtnistheorie, wenngleich der gedächtnistheoretische Aspekt häufig nicht explizit ausformuliert ist. WINTER (1987) stellt deswegen nicht zufällig die neueren psychologischen Ergebnisse unter gedächtnistheoretischem Gesichtspunkt zusammen:

> "(1) In jede kognitive Leistung gehen auch Leistungen des Gedächntnisses (Erinnern an Fakten, Ideen Prozesse) ein. Es scheint sogar kaum möglich, Gedächtnis und Wissen zu unterscheiden.
> (2) Das Gedächtnis kann man sich nicht mechanisch vorstellen; als einen Speicherplatz mit mehr oder weniger zahlreichen Speicherzellen, die mit Informationseinheiten belegt werden (sich merken), und diese Informationen sind an sich unveränderlich und können mehr oder weniger rasch abgerufen werden (sich erinnern) und nach längerer oder kürzerer Zeit auf irgendeine Art verschwinden oder unzulänglich werden (vergessen). Vielmehr ändert sich das gedächtnismäßige Wissen fortlaufend durch Aufnahme neuen Wissens, und umgekehrt hängt die Aufnahme (Speicherung) neuer Information davon ab, was bereits im Gedächtnis vorhanden ist. ...
> (3) Die Gedächtnisleistungen, die sich auf relevante Inhalte unseres Lebens beziehen, sind konstruktiver Natur, d. h. es werden nicht etwa Wahrnehmungen im Inneren kopiert, ... Das Wahrgenommene wird beschnitten, erweitert, interpretiert, reorganisiert, integriert, umgemodelt. Sich etwas gedächtnismäßig einzuverleiben ist also kein passiver, sondern ein höchst aktiver, ja schöpferischer Akt" (S. 59)

Kinder *konstruieren* also in der Auseinandersetzung mit ihrer materialen und sozialen Umwelt für sich *ihre* Mathematik. Didaktisch stellt sich hier bereits die Frage, wie man es den Kindern ermöglichen kann, *Konstruktionen* von ihrer Mathematik zu ermöglichen, die in hohem Einklang mit der "offiziellen", wissenschaftlichen Mathematik stehen.

Im folgenden werden einige solcher "*konstruktivistischen*" Theorieansätze dargestellt, die dann helfen mögen, sich dieser didaktischen Fragestellung näher zuzuwenden. Die Ausführungen orientieren sich dabei an dem zunächst plausibel erscheinenden Phänomen, daß ein Großteil des mathematischen Wissens von Schülern sich im Einschulungsalter auf die Bestimmung von Anzahlen, das Zuzählen im Sinne einer Addition und das Wegnehmen im Sinne einer Subtraktion bezieht. Hierauf soll zunächst eingegangen werden und es soll auf Differenzierungen hinsichtlich dieser elementaren arithmetischen Kenntnisse und Fertigkeiten hingearbeitet werden.

Hier wird vor allem auf zwei Theoriebereiche näher eingegangen.

- Der eine Bereich widmet sich vornehmlich der Frage, was für eine Mathematik Kinder für sich konstruieren, welche innere Konsistenz diese aufgebaute Wissensstruktur besitzt und wie sie sich weiterentwickelt. Diese Ansätze thematisieren die Leistungen von Kindern, ihre kognitive Struktur zu ordnen und zu systematisieren. Hier zeigt sich bereits, daß das Zählen nicht alles ist, was die Kinder zur Mathematik gelernt haben (2.1.).
- Der zweite Bereich kommt gleichsam von dem Wissenskorpus der fertigen Mathematik her und untersucht, welche im Vergleich dazu fehlerhaften Konstruktionen bei den Kindern identifizierbar sind, welche individuelle Genese diesen zugrunde liegen und wie man sie "therapieren" kann. Gemeinhin subsumiert man derartige Ansätze unter der Überschrift "Fehleranalyse" (2.2.).

So elementar auf den ersten Blick das Zählen als Aktivität erscheinen mag, ihm liegen aber einige fundamentale begriffliche Kompetenzen zugrunde, die im dritten Abschnitt über den Erwerb des Zahlbegriffs genauer dargestellt werden (2.3.).

2.1. DER ANSATZ DER "MIKRO-WELTEN"

Unter der dargelegten konstruktivistischen Annahme kognitiver Entwicklung muß man selbst für die formalen und abstrakten Begriffe und Verfahren der Mathematik postulieren, daß sie vom Individuum in der Auseinandersetzung mit konkreten Problemen erarbeitet werden. Diese spezifischen und konkreten Erfahrungen hinterlassen gleichsam Spuren in den kognitiven Konstruktionsbemühungen der Kinder. Theoretisch gesprochen: Man muß von einer "prinzipielle[n] Situations- und

Bereichsspezifität aller begrifflichen Strukturen und Systeme des Individuums" (BAUERSFELD 1983) ausgehen. Gemeinhin spricht man in der Psychologie hier von der "Inhalts-" bzw. "Bereichsspezifität" kognitiver Systeme.

> "Jedes individuelle kognitive System ist seinem Wesen nach beschränkt auf die Situationen, in denen es erarbeitet wurde ..." (SEILER 1973, S. 266).

Eine Fallstudie über die mathematische Entwicklung eines Mädchens kurz vor ihrer Einschulung soll diesen Ansatz weiter darlegen. LAWLER (1980) hat 6 Monate lang die mathematische Entwicklung seiner Tochter Miriam beobachtet, mit dem Tonband oder Videogerät aufgezeichnet und analysiert.

Der Autor zeigt in seiner Studie, daß das arithmetische Wissen seiner Tochter hochspezifisch ist und die entsprechenden kognitiven Strukturen auf der Erfahrungsbasis von thematisch eng begrenzten Bereichen konstruiert werden. Es konnten in der Studie mehrere solcher kognitiven Konstruktionen identifiziert werden. LAWLER nennt sie "microworlds", was hier mit "Mikrowelten" ins Deutsche übersetzt wird. Sie werden hier in der zeitlicher Abfolge ihrer Entstehung aufgezählt (s. hierzu auch BAUERSFELD 1983, S. 16):

- "Zähl-Welt"
- "Geld-Welt"
- "Dekaden-Welt"
- "Papiersummen-Welt"
- "Serien-Welt".

Zunächst sind für Miriam diese Mikrowelten streng von einander getrennte kognitive Konstrukte: Z. B. löst Miriam mathematisch äquivalente Problemstellungen je nach Zuordnung zu einer Mikrowelt in verschiedener Weise. Dies tut sie zunächst selbst dann, wenn die Aufgaben unmittelbar aufeinander folgen:

- Die Aufgabe "wieviel ist 75 plus 26?" löst sie abzählend in der Form "70, 90, 96, 97, 98, 99, 100, Eins-null-eins". Bei dieser Lösungsart sind bereits die Zählwelt und Dekadenwelt von Miriam zu einer neuen Mikrowelt verbunden worden. Hierauf wird später noch einmal eingegangen.
- Die Aufgabe "wieviel sind 75 Cents und 26 Cents?" löst sie anschließend als "das sind drei Quarter, vier und ein Penny, ein Dol-

lar eins". Ein Quarter ist im US-Währungssystem ein 25-Cent-Stück und ein Penny stellt das 1-Cent-Stück dar. Es wird deutlich, daß Miriam hier eine Lösungsstrategie verwendet, die in der Geld-Welt verankert ist.

- Die später auch noch in schriftlicher Rechenform präsentierte Aufgabe löst Miriam sodann spaltenweise mit Berücksichtigung des Übertrags. Hier denkt und handelt Miriam in der Papiersummen-Welt, in der spaltenweise Ziffern addiert und nötigenfalls Überträge notiert werden.

Die **Zähl-Welt** besteht zunächst aus der Folge der Zählnamen, in der anfänglich noch nicht einmal die dekadische Struktur beinhaltet ist. Die **Geld-Welt** wurzelt bereits in der Zähl-Welt, in sofern das Münzsystem mit seinen einzelnen Münzen bestimmte Additionen forciert: man kann mit Fünfern rechnen, was in der Zähl-Welt einem Zählen in Fünferschritten entspräche. Weiter weiß Miriam, daß 2 Quarter 50 Cents, 3 Quarter 75 Cents und 4 Quarter einem Dollar entsprechen. LAWLER schließt daraus, daß die Geld-Welt einen spezifischen Nachfahren der Zähl-Welt darstellt.

Die **Dekaden-Welt** entwickelt Miriam bei ihren Handlungen am Computer. Dort ist sie in die Programmiersprache Logo eingeführt worden, mit der sie die Bewegung einer Figur, dem sogenannten "Igel", auf dem Bildschirm realisieren kann. Zur Auslösung einer Igelbewegung kann sie eine Dehrichtung (rechts oder links) und ein Winkelmaß in den Computer eingeben. In der Anfangszeit, insbesondere während einer Einführungsphase, wird hier häufig nur mit vollen Zehnergradmaßen gearbeitet. Kleinere Drehungen von z.B. 1° oder 2° führen auf dem Bildschirm zu so kleinen Auslenkungen, daß sie kaum wahrgenommen werden. Bei ihren Aktivitäten mit Logo erkennt Miriam bestimmte Zusammenhänge, die bei ihr zur Konstuktion dieser Dekaden-Welt führt. Z. B. erkennt sie, daß "rechts 100" und dann "links 20 " zu demselben Ergebnis führt wie "rechts 80". Ebenso weiß sie nach einiger Zeit "rechts 90" und "rechts 90" dasselbe wie "rechts 180" ergibt.

Für lange Zeit bringt Miriam ihr Wissen aus dieser Welt nicht in Verbindung mit dem Wissen der Zähl-Welt. Beide Mikro-Welten sind in diesem Stadium - theoretisch gesprochen - zwei voneinander isolierte, bereichsspezifische Wissenskonstruktionen. Später freilich stellt Miriam ganz bestimmte Verbindungen zwischen diesen beiden Welten her: Sie differenziert ihre Dekaden-Welt aus, indem sie Elemente der Zähl-Welt integriert. So kann sie z. B. nach einer Weile die Logo Befehlsfolge "rechts 50" und dann "rechts 20" durch Zählen in der Zähl-Welt lösen: "das ist wie fünf plus zwei gleich sieben, also siebzig" (LAWLER 1980, S. 12; BAUERSELD 1983, S. 19). LAWLER nennt dieses Vorgehen das "stripping off zeros" (ebenda).

Weitere Beobachtungen und Analysen führen LAWLER dazu, der Dekaden-Welt in Miriams Kognition zwei Vorfahren zuzuordnen: Die Geld-Welt und die Zähl-Welt. Mit der Geld-Welt verbindet sie die verschiedenen Einheiten - mit der Zähl-Welt verbindet sie das Rechnen mit Einern. Sie kann dies hier tun, ohne den mathematischen Begriff des dezimalen Stellenwertsystems mit seinen "Zehnern" und "Einern" systematisch entwickelt zu haben.

Auf die Papiersummen-Welt soll hier nicht weiter eingegangen werden, da das damit verbundene Arbeiten mit der schriftlichen Addition hier in Deutschland kein Thema des Anfangsunterrichts ist.

LAWLER kann weiter beobachten, wie die zwei zunächst isoliert angewendeten und sich dabei weiter ausdifferenzierenden Zähl- und Dekaden-Welten in Laufe der Zeit zur Konstruktion einer neuen arithmetischen Welt bei Miriam führten, die er die "**Serien-Welt**" nennt. Sie wird zum ersten Mal rekonstruiert, als Miriam die für sie damals schwierige Aufgabe 37 + 12 rechnen soll: Mit schockiertem Gesichtsausdruck stellt sie fest, daß das Ergebnis 49 ist. Nachfragen zeigen, daß Miriam die Aufgabe in zwei Mikro-Welten berechnen konnte und daß dies offenbar bei Miriam zu großer Verwunderung führte.

- Sie berechnete zum einen die Aufgabe in der Dekaden-Welt ihres Logo-Igels, in der sie mittlerweile auch mit nicht-Zehnerzahlen Drehungen ausführen konnte: 30 und 10 ergibt eine Drehung um 40, 7 und 2 ergibt eine Drehung um 9; zusammen also hat man eine Drehung um 49 durchgeführt.
- Zum anderen verfügt Miriam nun auch in ihrer Zähl-Welt über ein Zerlegungswissen von Zahlen, ohne das sie hierbei einen allgemeinen Stellenwertbegriff entwickelt hätte: Hier rechnet sie: 37 plus 10 ist 47 und zählt dann mit den Fingern weiter 48, 49.

Diese und ähnliche Erfahrungen lassen Miriam eine neue Mikro-Welt konstruieren, die in einer seriellen Abarbeitung von Teilschritten besteht, die ihrerseits in verschiedenen Vorfahren-Mikro-Welten fußen.

Z. B. kann sie nun bei der Aufgabe 28+40 durch Aktivierung der Dekaden-Welt 20 plus 40 berechnen und sodann das Residuum (60+8) in der Zählwelt berechnen. Zwei einstmals für Miriam in strikter Trennung zueinander stehende Mikro-Welten werden von ihr in Beziehung gesetzt und führen zur Konstruktion der neuen Serien-Welt.

Eine Grafik mag diese Entwicklungszusammenhänge noch einmal verdeutlichen:

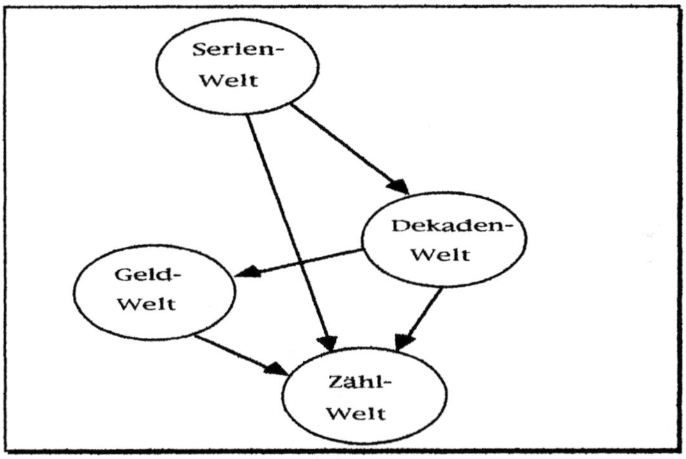

Die Pfeile verweisen auf Vorfahren

Dieser Mikro-Welten-Ansatz ist einer von vielen theoretischen Bemühungen um die Ausformulierung der Bereichspezifität menschlichen Denkens. In verschiedenen psychologischen Theorien findet man unter anderen Begriffen ähnliches wieder. Diese sind dann "scripts", "production systems", "expert systems" oder "frames" (s. BAUERSFELD 1983, S. 11 ff.). In der deutschen Mathematikdidaktik wurde LAWLERs Studie von BAUERSFELD zum Ausganspunkt genommen, den Begriff der "Subjektiven Erfahrungsbereiche", kurz SEB, zu prägen. Sie umfassen

> "die Gesamtheit des subjektiv wichtig Erfahrenen und Verarbeiteten, einschließlich der Gefühle, der Körpererfahrung usw., also nicht nur die kognitive Dimension. Die SEB's haben Prozeßcharakter und daher eine je eigene Wandlungsgeschichte ihrer Zustände vom Entstehen bis zum möglichen Verfall (ebenda, S. 2)".

BAUERSFELD weitet also den Begriff der Mikro-Welt auch auf die anderen nicht-kognitiven Bereiche aus. Dies leuchtet ein, wenn man sich vor allem dem frühen Lernen des Kindes im Vorschulalter und Anfangsunterricht zuwenden will. Dort spielen emotionale und empathische Prozesse sicherlich eine überragende Rolle. Für diesen umfassenden Begriff steht aber noch eine entwicklungspsychologische Durcharbeitung aus, so wie wir es für den kognitiven Bereich z. B. in der Studie von LAWLER gesehen haben. Auch für ältere Kinder oder gar Erwachsene scheint die Ausweitung des Mikro-Welt Begiffes auf die nicht-kognitiven Dimensionen des Denken hilfreich. Denn es gibt viele Phänomene menschlichen Denkens, die sich nur durch eine solche Gesamtsicht hinreichend schlüssig erklären lassen.

2.2. FEHLERANALYSEN

Mit Hilfe von Fehleranalysen wird versucht, kognitiven "Fehlkonzeptionen" von Kindern auf die Spur zu kommen. Normalerweise geht ein solcher Ansatz also davon aus, daß es fehlerhafte und fehlerfreie kognitive Entwicklungen gibt. Dies mag angesichts des gerade dargestellten Beipiels der Konstruktion von Mikro-Welten als eine problematische Ausgangsposition erscheinen. Denn wenn ein Kind denkt und kognitive Konstruktionen durchführt, dann macht es auch Fehler aus der Sicht der "fertigen" Mathematik. Jedoch sind diese Fehler Ausdruck eines aktiven intelligenten Wesens und nicht notwendig Resultat von fehlerhaft durchgeführten kognitiven Prozessen.

Unter den neueren Arbeiten zur Fehleranalyse tritt die konstruktivistische Grundannahme menschlichen Denkens deutlicher hervor. Ein Ergebnis, das in diesen Untersuchungen immer wieder auftritt und hervorgehoben wird ist, daß Schülerfehler meistens beruhen

> "... auf systematischen Regeln bzw. Fehlstrategien, die gewöhnlich keinen zufälligen sondern einen sehr sensiblen und individuellen Ursprung haben" (RADATZ 1980, S. 29).

Kinder denken sich also etwas dabei, wenn sie sogenannte Fehler machen. Fehleranalyse wollen wir soweit verfolgen, wie sie uns über diese systematisch strukturierten kognitiven Prozesse bei Kindern aufklärt.

Von RADATZ (1980) wird ein informationstheoretisch orientiertes Modell zur Klassifikation von Schülerfehlern vorgestellt (S. 34 ff.). Unter dieser Sichtweise läßt sich ein Lernprozeß in verschiedene Sequenzen aufteilen, denen jeweils spezifische Fehler zugeordnet werden können.

Aus relativ ausdifferenzierten Ansätzen wird von RADATZ aus pragmatischen Gründen ein nur zwei Kategorien umfassendes Modell vorgeschlagen (S. 35)

- Informations*aufnahme* und
- Informations*verarbeitung*

Auf beide Punkte soll hier im Hinblick auf den mathematischen Anfangsunterricht eingegangen werden.

2.2.1. INFORMATIONSAUFNAHME

Aus der Reihe von Fehlermöglichkeiten bei der Informationsaufnahme nach RADATZ (1980) sollen hier nur ein paar wenige aufgeführt werden, die m. E. exemplarischen Wert haben. Sie beruhen auf einem unterschiedlichen Sprachverständnis oder einem unterschiedlichen Verständnis von Veranschaulichungen.

2.2.1.1. SPRACHVERSTÄNDNIS

Einer der bedeutsamsten Vorhersagefaktoren für Erfolg im Mathematikunterricht ist das Sprachverständnis (RADATZ 1980, S. 37). Dies mag vielleicht auf den ersten Blick überraschen. Es ist aber ein Indiz dafür, daß Mathematikunterricht ein sprachgebundener sozialer Prozeß ist, für dessen Teilhabe die Fähigkeit des Verstehens von Sprache wie auch ihrer Produktion ein ganz entscheidender Faktor ist. Dies weist direkt auf die Bedeutung des Unterrichtsgeschehens hin, auf das später noch eingegangen wird.

Sprachverständnis ist eine sehr globale Kategorie. Man kann in ihr unterschiedliche Aspekte ausmachen. Der eine hat mit den Überschneidungen der mathematischen Fachsprache mit der Umgangssprache zu tun. Erinnert sei hier an die unterschiedliche Verwendung der Begriffe "Viereck", "Winkel" oder "Null" (RADATZ, S. 39), an die Bedeutungsverschiebung, wenn aus "und" ein "plus" wird, oder Wörter wie "und" und "oder" im logischen Sinne verwendet werden.

Hin und wieder kommt es auch vor, daß in der Unterrichtssprache der Grundschule dasselbe Zeichen für Unterschiedliches steht. So steht z. B. in den auf der nächsten Seite folgenden Darstellungen der Buchstabe "E" einmal für "Einer" und das andere mal für "Eingabe".

Diese Beispiele weisen darauf hin, daß die unterschiedliche Bedeutung derselben Wörter oder Zeichen die angemessene Informationsaufnahme eines Kindes beeinträchtigen kann.

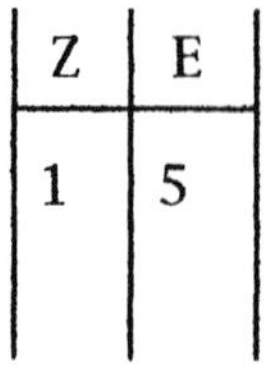

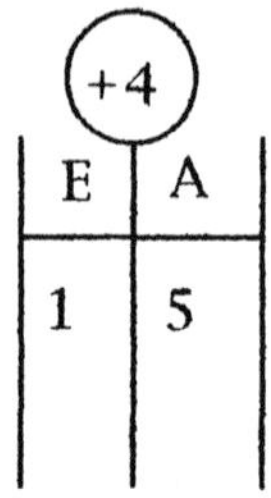

Darüber hinaus sind es aber nicht nur die einzelnen Fachtermini, die Kindern das sprachliche Verständnis von mathematischen Aussagen erschweren. Mit der Einführung von Zahlsymbolen und damit verbundenen mathematischen Aussagen wird das Kind mit neuen und andersartigen Erfahrungen konfrontiert, zu denen es Übersetzungen zu bekannten und vertrauten Deutungsweisen leisten muß.

HUGHES (1986) hat an einer Fülle von Beispielen herausgearbeitet, daß es Kindern häufig schwer fällt, bereits aus konkreten Handlungszusammenhängen bekannte Additions- und Subtraktionsaufgaben in ihre arithmetische Notationsweise zu übersetzen. Mathematische Gleichungen in ihrer abstrakten symbolischen Darstellung stellen für die meisten Kinder in der 1. Jahrgangsstufe ein großes Problem dar. Man kann sagen, daß sie noch keinen passenden Subjektiven Erfahrungsbereich (SEB) dazu ausgebildet haben und zudem Schwierigkeiten haben, derartige Aussageformen in ihre verfügbaren SEBs zu integrieren.

Ein Interview von HUGHES (1986) mit der etwa vierjährigen Amanda mag dies illustrieren.

MH: How many is two and one? (Lange Pause. Keine Antwort.) Well how many bricks[1] is two bricks and one brick?
AMANDA: Three
MH: Okay. So how many is two and one?
AMANDA: (Pause) Four (zögerlich)?
MH: How many is one brick and one more brick?
AMANDA: Two bricks.
MH: So how many is one and one?
AMANDA: One, maybe" (S. 46)

1 "brick" läßt sich ins Deutsche am besten mit "Klötzchen" übersetzen.

Amanda denkt hier bereits auf einem relativ abstrakten Niveau, insofern sie ja gar nicht mehr mit konkreten Klötzchen arbeitet, sondern sich bereits auf nur noch hypothetisch vorgestellte bezieht. HUGHES hat dies noch genauer untersucht und stellt fest, daß die Kinder in derartigen Situationen mit vorgestellten konkreten Handlungen erheblich erfolgreicher Additions- und Subtraktionsaufgaben lösen als im Code mathematischer Gleichungen.

Er führt aufgrund dieser Ergebnisse aus, daß Vorschulkinder in der Regel zwar über ein abstraktes Verständnis von Operationen in dem Sinne verfügen, daß sie ihr Wissen in neuen Situationen, auch wenn diese nur vorgestellter Art sind, anwenden können. Sie können aber nicht dieses Wissen in der symbolischen "Sprache" der Mathematik ausdrücken. Ihnen fehlt noch ein entsprechender SEB. Die Kindern müssen - so seine Folgerung - Übersetzungen ("ways of translating", S. 51) von ihrem verfügbaren Wissen zu einem neuen Wissen, das sich auch in einer neuen Sprache ausdrückt, entwickeln.

Der Begriff des "translating", des Übersetzens, scheint m. E. hier der entscheidene Punkt zu sein. Bei hinreichender Geübtheit im Übersetzen von konkreten oder vorgestellten konkreten Aktivitäten in mathematisch-symbolische Formulierungen wird auch etwas darüber qualitativ Hinausgehendes erworben, nämlich Kompetenz im Operieren mit mathematisch-symbolischen Aussagen. Die Metapher des "Übersetzens in eine andere Sprache" mag dies weiter verdeutlichen: Das Übersetzen eines Textes in eine fremde Sprache ist noch nicht das kompetente Sprechen dieser Sprache, aber ein notwendiger Prozeß zum Erwerb dieser Kompetenz. Das Übersetzen in eine mathematisch-symbolische Formulierung ist entsprechend auch noch nicht ein mathematisches Operieren, wie es z. B. bei einem Beweis benötigt wird. Beweisen findet innerhalb der mathematischen Sprache statt. Die Aktivität des Übersetzens bezieht sich auf den vergleichenden Umgang zwischen zwei verschiedenartig strukturierten Handlungs*darstellungen.*

Mit Hinblick auf die Bereichspezifität des Denkens kann man hier vermuten, daß die Kinder noch nicht einen hinreichend entwickelten SEB für arithmetisch notierte Aufgabenstellungen besitzen. Einen solchen SEB gilt es für die Kinder neu zu konstruieren. Derartige kognitive Leistungen des Kindes können allem Anschein nach durch sprachliche Hilfen unterstützt und gefördert werden. HUGHES umschreibt diese Hilfestellungen als "ways of translating".

EXKURS I - ADDITION UND SUBTRAKTION IM ZAHLRAUM BIS 100

Vom Stoffplan her gesehen, vollführt hier das Vorschulkind Amanda arithmetische Handlungen, die man von Kindern zu Beginn des 1. Schuljahr verlangt: die Addition im Zahlraum bis 5 oder 6. Miriam rechnet dagegen schon Aufgaben, die man gewöhnlich dem Unterrichtsstoff der 2. Jahrgangsstufe zuordnet. Dies sind Addition und Subtraktion im Zahlraum bis 100.

Nach der üblichen Stoffplanverteilung behandelt man im 1. Schuljahr den Zahlraum von 0 bis 20. Dies ist gleichsam der natürliche Zahlumfang für die Additionen und zulässigen Subtraktionen[1] zweier einstelliger Zahlen. Bereits in diesem Zahlraum existieren also zweistellige Zahlen und damit verbunden das Problem des Zehnerübergangs, wenn z. B. die Additon 7+8=? vorliegt. Im 1. Schuljahr wird deshalb schon eingehender das dezimale Stellenwertsystem unserer Zahldarstellung behandelt. Die Kinder lernen dabei die Begriffe des "Einers" und des "Zehners" und können zweistellige Zahlen, wie z. B. 17, in den Zehner- und Einer-Bestandteil zerlegen.

In der Regel wird der in dieser Jahrgangsstufe zu behandelnde Zahlraum bis 20 methodisch gestuft über mehrere Zwischenschritte eingeführt, die man selbst wieder durch den Umfang der verwendeten Zahlen als Zahlenräume beschreiben kann. Häufig wird folgende Untergliederung vorgenommen:

- Zahlraum von 0 bis 5 (bzw. 6)
- Zahlraum von 0 bis 10 (bzw. 12)
- Zahlraum von 10 bis 20
- Zahlraum von 0 bis 20 (z. B. PADBERG 1992)

Gegen dieses kleinschrittige Vorgehen richtet sich ein eher ganzheitlicher Ansatz, bei dem empfohlen wird, von Anfang an den gesamten Zahlenraum bis 20 ununterteilt zu behandeln (z. B. WITTMANN & MÜLLER 1990 und hier Kap 5.2.1.).

Unabhängig hiervon werden gewöhnlich Addition und Subtraktion gemeinsam bzw. rasch aufeinander folgend eingeführt. Hierbei wird eben auch die arithmetische Notation der Gleichung mitbehandelt, die im obigen Beispiel dem Mädchen Amanda so viele Verständnisprobleme bereitete.

Im Zusammenhang mit der Gleichungsschreibweise ergeben sich dann folgende vier Darstellungsvarianten, deren mathematische Äquivalenz für die Kinder in der ersten Klasse nicht unmittelbar einleuchtend ist:

---

1 Im Anfangsunterricht wird nur mit natürlichen Zahlen, also den Zahlen 0, 1, 2, 3, 4, 5, 6, ... gerechnet. Subtraktionen sind nur dann ausführbar, wenn der Minuend größer ist als der Subtrahend; z. B. ist 5-3=2 eine zulässige Subtraktion, während 2-3=? in der Menge der natürlichen Zahlen nicht definiert ist bzw. nicht ausgeführt werden kann. Ein vergleichbares Problem besteht auch bei der Division.

a + b = _   a + _ = c   _ + b = c

a - b = _   a - _ = c   _ - b = c

Gewöhnlich wird die Addition und Subtraktion im zweistelligen Zahlraum in einer methodischen Stufenfolge behandelt. Verbreitet ist z. B. die folgende[1]:

- Rechnen mit Zehnerzahlen, z. B. 40+20=60,
- Rechnen mit Zehnerzahlen und Einerzahlen, z. B. 80+4=84,
- Addieren und Subtrahieren ohne Zehnerüber- bzw. Unterschreitung, z. B. 77+2=79 oder 65-4=61,
- Ergänzen zum nächsten Zehner, z. B. 24+6=30,
- Subtrahieren von einer Zehnerzahl, z. B. 80-3=77,
- Addieren mit Zehnerüberschreitung, z. B. 24+8=32,
- Subtrahieren mit Zehnerunterschreitung, z. B. 82-5=77
- Addition und Subtraktion zweier zweistelliger Zahlen, z. B. 35+27=62

2.2.1.2. VERSTÄNDNIS VON VERANSCHAULICHUNGEN

Als eine weitere Fehlerquelle bei der Informationsaufnahme im Rahmen fehleranalytischer Untersuchungen haben sich die sogenannten "Veranschaulichungen" erwiesen. Dieser Punkt bedarf insofern einer etwas ausführlicheren Behandlung, als diese Veranschaulichungen gerade erfunden worden sind, um den Schülern das Verständnis für mathematische Zusammenhänge zu erleichtern.

Unter Veranschaulichungen sollen hier bildliche Darstellungen oder klar umrissene Handlungen an konkretem Material verstanden werden, mit denen man mathematische Aussagen ausdrücken möchte. Wie bereits dargestellt, bereiten die mathematischen Notationsformen den Kindern im Anfangsunterricht Schwierigkeiten. Methodisch reagiert der Unterricht darauf, indem er außer diesen symbolischen Repräsentationsformen Phasen bereitstellt, in denen an konkretem Material, wie z. B. Wendeplättchen oder Spielgeld, oder mit bildlichen Darstellungen, wie z. B. dem Zahlenstrahl oder dem Zwanzigerfeld, im Hinblick auf mathematische Zusammenhänge gearbeitet wird (s. LORENZ & RADATZ 1993, S. 30 ff.).

1 s. hierzu z. B. PADBERG (1992) oder RADATZ & SCHIPPER (1983); einen alternativen eher ganzheitlichen Ansatz findet man z. B. bei WITTMANN & MÜLLER (1990)

Fehleranfälligkeiten lassen sich in diesen Unterrichtsphasen erneut beim Sprachverständnis festmachen (KRUMMHEUER 1989). Als weitere Störungen treten visuelle Wahrnehmungsschwierigkeiten und/oder räumliche Orientierungsschwächen auf (LORENZ & RADATZ 1993, S. 31 u. 32). Es sollen im folgenden einige Veranschaulichungen jeweils mit Hinweis auf typische Schülerfehler bei ihrer Verwendung dargestellt werden.

Wendeplättchen und Steckwürfel

Mit Veranschaulichungsmitteln dieser Art, sei es als konkret vorliegende oder bildliche dargestellte Gegenstände, lassen sich Anzahlen bestimmen und entsprechend Additionen und Subtraktionen vornehmen. Die Addition stellt dann das Zusammenschieben bzw. Aneinanderstecken der Plättchen oder Würfel dar; die Summe bzw. Differenz ergibt sich dann als die neue Gesamtanzahl.

Das nebenstehende Bild kann für verschiedene mathematische Aussagen genommen werden, z. B. für

(a) $7 + 5 = 12$

(b) $5 + 7 = 12$

(c) $12 - 5 = 7$ oder (d) $12 - 7 = 5$

In den letzten beiden Fällen der Subtraktion (c und d) werden häufig die Plättchen des Subtrahenden (zusätzlich) durch ein Kreuz markiert, die ein Durchstreichen symbolisieren sollen.

Strukturell gesehen, besteht hier kein Unterschied zu einer einfachen farblichen Markierung. Deutlich macht dieses Beispiel aber, daß Veranschaulichungen auf Verabredungen darüber bestehen, welche mathematische Eigenschaft man in ihnen repräsentiert sehen will. Veranschaulichungen sind nicht selbstredend. Fehler bei der Informationsaufnahme sind neben visuellen Wahrnehmungschwächen deswegen häufig auf ungeklärte Absprachen zurückführbar.

Farbige Stäbchen bzw. Cuisenaire-Stäbchen

Es handelt sich hier um farblich unterschiedene Stäbchen der Längen 1 bis 10 bzgl. einer gewählten Längeneinheit. Sobald man jedem

Stab durch Längenvergleich eine Zahl zugeordnet hat, kann man Additionen und Subtraktionen veranschaulichen. Ein Längenvergleich führt zur Aussage a+b=c oder c-b=a.

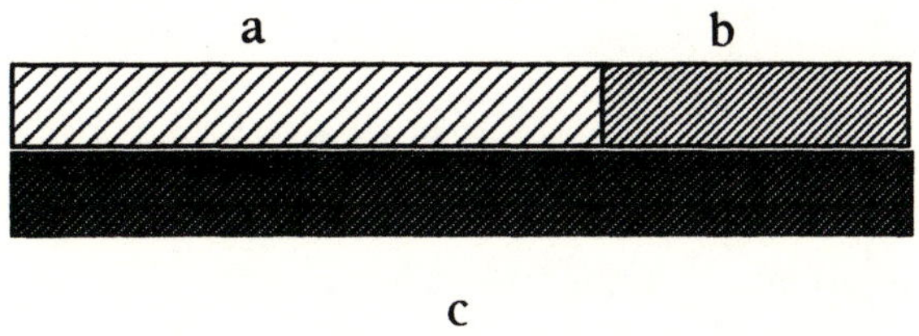

Auch hier wird wieder das hohe Maß an Vereinbarungen deutlich, wenn man diese Längenvergleiche für additive mathematische Aussagen verwenden will. Aber darüber hinaus können hier natürlich Formen von Farbenblindheit zu erheblichen Fehlerquellen führen (s. LORENZ 1992, S. 163 ff.)

Zahlenstrahl

Der Zahlenstrahl stellt ein weitverbreitetes Veranschaulichungsmittel dar, das auch in den weiterführenden Schulen noch Verwendung findet. Problematisch wird seine Verwendung mit Kindern, die (noch) Schwierigkeiten bei der Links-Rechts-Unterscheidung haben, und das sind im Anfangsunterricht noch relativ viele. Bei Zahlenräumen größer als 20 wird die Veranschaulichung von Rechenoperationen an ihm kaum noch unterstützt. Darstellungen zum Zahlenstrahl variieren. Häufig wird er im Anfangsunterricht auch in Form eines Maßbandes gezeigt.

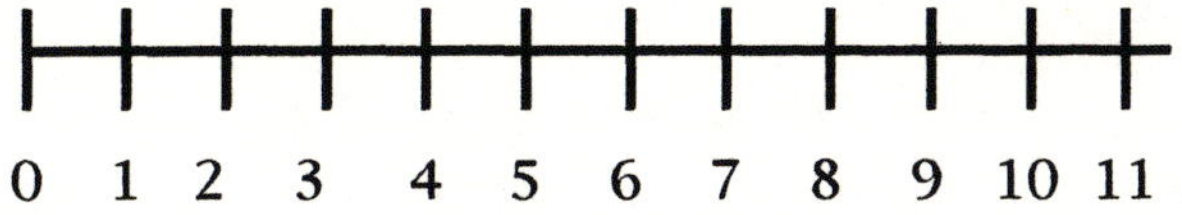

Hunderterfeld und Hundertertafel

Das Arbeiten mit einer solchen Veranschaulichung im Zahlraum bis 100 ist weit verbreitet, wobei es für einige Autoren entscheidend ist, daß das Feld aus einem strukturiertem Punktfeld besteht und nicht aus Zahlen (z. B. ROSE 1960; Graphik siehe nächste Seite). Auch hier benötigen die Kinder entwickelte Orientierungsfähigkeiten, die zumeist im Unterricht noch ausführlich vorbereitet werden müssen. Bei nicht ausreichender Entwickeltheit dieser Fähigkeiten können Schüler hierbei Fehler begehen.

EXKURS II - ZAHLASPEKTE

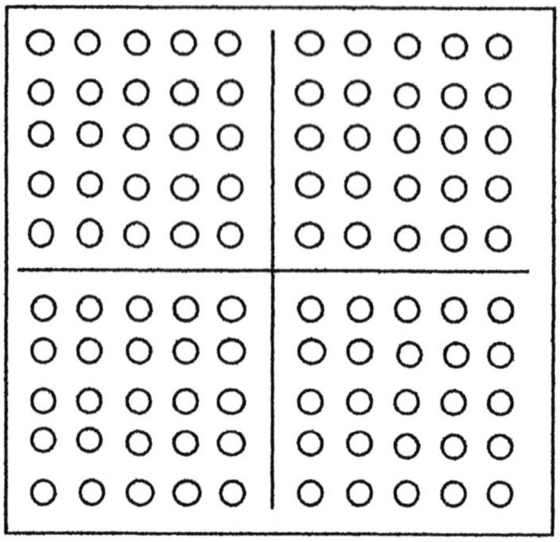

Hunderterfeld

Bei den verschiedenen Veranschaulichungen erscheinen aus stofflicher Sicht die natürlichen Zahlen mit unterschiedlichen Eigenschaften. Gewöhnlich nennt man dies die "Zahlaspekte".

Bei den Wendeplättchen oder Steckwürfeln dienen die Zahlen zur Bestimmung der Anzahl einer Menge. Auch bei dem Hunderterfeld, das aus einer geordneten Anzahl von Punkten besteht, herrscht dieser Aspekt vor. Dies nennt man den "**Kardinal-Aspekt**" der natürlichen Zahlen. Die Cuisenaire-Stäbchen repräsentieren die Zahlen in Form von Längen, weswegen man hier gewöhnlich vom "**Maßzahl-Apekt**" spricht. Der Zahlenstrahl und die Hundertertafel mit Zahlen heben dagegen die Anordnung der Zahlen hervor. Es wird das Vorher und Nachher, das Erster-, Zweiter-, Dritter- usw.- Sein betont. Hier spricht man vom "**Ordinal-Aspekt**".

Es werden häufig noch weitere Aspekte genannt, wie z. B. der "Codierungs-Aspekt", wenn Zahlen für Telefonnummern usw. verwendet werden. Bei diesem Aspekt lassen sich freilich keine arithmetischen Operationen sinnvoll behandeln, wenngleich häufig bestimmte arithmetische Zusammenhänge das Auswendiglernen solcher Nummern erleichtern. Darüber hinaus werden häufig nicht mehr sehr einheitlich verwendete Kategorien für andere Aspekte genannt, die hier nicht weiter dargelegt werden sollen (s. z. B. MAIER 1990; PADBERG 1992; RADATZ & SCHIPPER 1983).

2.2.2. INFORMATIONSVERARBEITUNG, FEHLERHAFTE REGELBILDUNG

Im Rahmen des Ansatzes der Fehleranalyse sind bis jetzt mögliche Fehlkonzeptionen zu den Grundrechenarten genannt worden, die sich vornehmlich auf die Informations*aufnahme* bezogen haben. In diesem Abschnitt sollen nun Fehler von Kindern besprochen werden, die man eher der Informations*verarbeitung* zurechnet. Wie bereits anfänglich erwähnt, sind die meisten Schülerfehler systematischer Art. Man kann also bei den Berechnungsversuchen des einzelnen Kindes eine Regel rekonstruieren, nach der es vorzugehen scheint. Hier wird wieder der konstruktive Charakter menschlichen Denkens deutlicher.

Im folgenden wird zunächst auf die additiven und sodann auf die mulitplikativen Grundrechenarten eingegangen[1].

2.2.2.1. FEHLER BEI ADDITION UND SUBTRAKTION

Fehler bei der Zähltechnik

Häufig lösen Kinder Additions- und Subtraktionsaufgaben durch Zählen. Hierbei können Fehler in der Zähltechnik auftreten:

(Addition) 7+6=12 oder 8+5=12
(Subtraktion) 14-6=9 oder 12-5=8

Eine Erklärung ist hier, daß immer dieselbe Zähltechnik verwendet wurden, nämlich ein Weiter- bzw. Zurückzählen von der ersten Zahl an; z. B. Weiterzählen von der 7 an um 6 Schritte:

7, 8, 9, 10, 11, 12
I I I I I I
1, 2, 3, 4, 5, 6

bei der ersten Aufgabe, oder Zurückzählen von 12 an um 5 Schritte:

12, 11, 10, 9, 8
I I I I I
1, 2, 3, 4, 5

bei der letzten Aufgabe.

Dieses Zählen beruht auf einer Regel und man kann deswegen den Fehler vorhersagen. Das Ergebnis unterscheidet sich von der richtigen Lösung immer um ± 1. Das dazugehörige Kind rechnet also regelhaft.

EXKURS III - ZÄHLSTRATEGIEN

Häufig lösen Kinder im ersten Schuljahr Additons- und Subtraktionsaufgaben durch Zählen. Hierbei können die erwähnten Veranschaulichungen helfen, da diese u. a. die Anzahl der Gesamtmenge darstellen. Folgende Strategien sind dabei zu beobachten, die in der angegebenen Reihenfolge zugleich eine Entwicklungsfolge darstellen:

1. vollständiges Auszählen: Mengen der Summanden werden zusammengelegt und dann wird die Anzahl bestimmt:

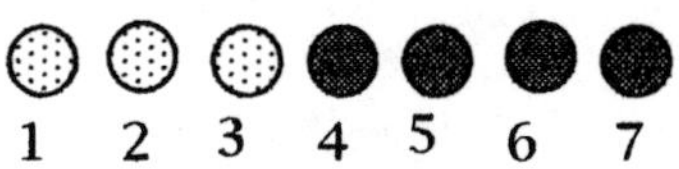

(3+4=7)

2. Weiterzählen vom ersten Summanden aus: Es wird im gerade gegebenen Beispiel "3+4" nur noch 4, 5, 6, 7 gezählt, und hierbei werden häufig die Finger zur Hilfe genommen, mit denen die vier Zählschritte kontrolliert (gezählt) werden. Die obigen systematischen Fehler wurden

---

1 Die Beispiele zur Addition und Subtraktion sind LORENZ/RADATZ (1993), S. 1-37 entnommen.

hier dieser Zählstrategie zugeordnet. Er ensteht, wenn man bei der letzten Zahl des ersten Summanden mit dem Weiterzählen beginnt. Der entsprechende Fehler bei der Subtraktion führt zu einem Ergebnis, das um 1 zu groß ist.

3. Weiterzählen vom größeren Summanden aus: Hier wird wie unter 2. vorgegangen, nur wird diesmal der größere Summand gedanklich nach vorne gestellt. Bei sich stark unterscheidenen Summanden ist diese Strategie äußerst effektiv, wie das Beispiel 2+15 lehren mag. Häufig wird als weitere Verfeinerung dieser Strategie noch dann in größeren Schritten als eins gezählt.

2.2.2.2. FEHLER BEI DEN STELLENWERTEN

Stellenwertfehler sind relativ vielfältig. Einer der der bekannteren und typischerweise mit unseren deutschen Zahlnamen verbundenen liegt im folgenden Beispiel vor: 56-4=61. Hier liest das Kind die Zahl 56 als "65", also gemäß der gewohnten Leserichtung von links nach rechts. Im Deutschen sind alle zweistelligen Zahlen mit Ausnahme der reinen Zehnerzahlen in dieser invertierten Form benannt. Entsprechend verbreitet ist dieser Fehler bei Kindern.

Ein weiterer Fehler in dieser Kategorie bezieht sich auf die Nichtberücksichtigung der Zehnerüberschreitung, z. B. bei der Aufgabe 28+7=25, ein anderer auf die Vertauschung der Stellenwerte, z. B. 15+24=57. In letzten Fall werden die beiden äußeren und die beiden inneren Ziffern aufaddiert.

Weitere typische Fehler in dieser Kategorie treten bei der Subtraktion auf; z. B. 14-6=12 oder 37-18=21. In beiden Fällen wird der kleinere Einer vom größeren abgezogen. Hierdurch wird eine Zehnerunterschreitung fälschlicherweise vermieden. Häufig wird auch die Subtraktion von einer reinen Zehnerzahl falsch durchgeführt: Bei 60-21=40 sieht das Kind z. B. nicht, wie man von der Null etwas abziehen könnte.

EXKURS IV - STELLENWERTSYSTEM

Bei der Behandlung des Zahlraums bis 100 treten zweistelligen Zahlen auf. Dies ist auf unsere Zahldarstellung zurückzuführen. Sie ist das dezimale Stellenwertsystem. Der Grundgedanke ist dabei 1., daß man bestimmte Anzahlen zu größeren Einheiten zusammenfaßt. Dies nennt man das "Bündeln": 10 Einer werden zu 1 Zehner, 10 Zehner zu 1 Hunderter usw. gebündelt. Die 2. grundlegende Idee ist, daß man mit einem beschränkten Vorrat an Zahlzeichen durch eine besondere Anordnung dennoch alle Zahlen darstellen kann. Der Wert eines Zahlzeichens ist abhängig von seinem Ziffernwert und von seinem Stellenwert. So hat z. B. in der Zahl 333 jede der Ziffern zwar denselben Ziffernwert, aber jedesmal einen anderen Stellenwert. Die 3 ganz links hat den Zahlenwert 300, die 3 in der Mitte den Zahlenwert 30 und die 3 ganz rechts den Wert 3. Insgesamt ergibt sich der Zahlenwert 300 + 30 + 3 = 333[1].

Eine Stellenwertsystem funktioniert nur vollwertig, wenn es auch über ein Zahlzeichen für die Null verfügt. Denn wie man an dem Beispiel 209 erkennen kann, muß eine nicht vertretene Bündelungseinheit in der stellenwertigen Notation angezeigt werden. Andernfalls läge die Zahl 29 vor.

Das Bündeln und die Stellenwertdarstellung wird notwendig mit Einführung in den Zahlraum bis 20 im ersten Schuljahr behandelt. Die Idee des Bündelns wird häufig auch zu anderen Einheiten als der Zahl 10 vorgenommen. Das Stellenwertsystem wird in der Regel nur zur Basis 10 behandelt, obwohl es auch für jede natürliche Zahl größer 1 entwickelt werden könnte.

2.2.2.3. FEHLER BEI DER MULITPLIKATION UND DIVISION

Bei der Multiplikation lassen sich mehrere typische Fehlerkategorien identifizieren (s. PADBERG 1992, S. 129 ff.), von denen hier nur drei vorgestellt werden sollen. Auch hier zeigt sich wieder, daß die Fehler auf nachvollziehbaren und systematischen Überlegungen der Kinder beruhen.

(a) Fehler beim Aufzählen bzw. Aufaddieren in einer Einmal-Eins-Reihe: Beispielsweise muß ein Kind, wenn es die Multiplikation durch entsprechendes Aufzählen der zugrundeliegenden Einmal-Eins-Reihe lösen will, bei der Aufgabe 9∗3 die 3er-Reihe bis zum 9. Glied aufsagen; also

3, 6, 9, 12, 15, 18, 21, 24, 27
| | | | | | | | |
1, 2, 3, 4, 5, 6, 7, 8, 9.

Es dürfte einsichtig sein, daß man hier leicht durcheinander kommt, vor allem wenn der Multiplikator groß ist. Diese Fehleranfälligkeit verstärkt sich noch, wenn das Kind die entsprechende Einmal-Eins-Reihe noch durch explizite Additionen mit dem Multiplikand erzeugen muß. In einer solchen Konstellation treten vor allem Fehler bei den hohen Zahlenkombinationen, also zwischen 6∗6 und 9∗9[2]. Bei diesen Rei-

1 Das Stellenwertsystem ist eine große Errungenschaft für die Arithmetik und hat in Europa die Zahldarstellung nach dem römischen Zahlsystem ersetzt. Das römische Zahlsystem beinhaltet ein alternierendes Fünfer-Zweier-Bündelungsystem, verfügt aber über keine Stellenwertdarstellung.

2 Die Ausnahme bilden hier lediglich die Quadratzahlen, die zumeist von den Kindern rasch beherrscht werden.

hen treten von einer Zahl zur nächsten fast immer Zehnerüberschreitungen auf, die leicht zu Fehlern führen (s. o. und PADBERG 1992, S. 130)

(b) Fehler bei der Verwendung von Rechenstrategien: Häufig lösen Kinder Einmal-Eins-Aufgaben, indem sie Beziehungen zu bereits beherrschten Einmal-Eins-Ergebnissen herzustellen versuchen. Dies wird im Unterricht häufig auch den Schülern gezeigt und empfohlen. Am verbreitetsten ist hierbei die sogenannte "Nachbaraufgaben"-Strategie. So kann man z. B. die Aufgabe 9∗4 aus dem bekannteren und von Kindern als einfacherer empfundenen Ergebnis von 10∗4=40 ermitteln:

$$9 * 4 = 10 * 4 - 4 = 40 - 4 = 36.$$

Der Fehler besteht nun darin, daß man bei dieser Strategie den falschen Faktor subtrahiert, also: 10∗4=40 und 40-9=31.

(c) Fehler mit der Null und der Eins: Die Eins und die Null führen bei der Multiplikation zu anderen Ergebnissen als bei der Addition.

ADDITION	MULTIPLIKATION
5 + 0 = 5	5 ∗ 0 = 0
5 + 1 = 6	5 ∗ 1 = 5

Schüler begehen häufiger den Fehler, das "additive Verständnis" von 0 und 1 auf die Multiplikation zu übertragen. Für sie gilt dann:

- a∗0 ergibt a
- 0∗a ergibt a
- 1∗1 ergibt 2

Die Divisionsfehler lassen sich in ähnlicher Weise kategorisieren.

(d) *Fehler beim Rückwärtszählen bzw. Subtrahieren in einer Einmal-Eins-Reihe*: Wenn bei der Aufgabe 12:4 als Ergebnis 4 herauskommt oder bei 21:3 die Zahl 6 (s. PADBERG 1992, S. 145f.), dann liegt dem gewöhlich der zu (a) vergleichbare Fehler zugrunde. Das Kind ermittelt das Ergebnis, indem es entweder versucht, die Einmal-Drei-Reihe von 21 an rückwärts abzuzählen oder in mehrfachen Schritten von 21 ausgehend jeweils drei zu subtrahieren, z. B.:

21, 18, 15, 12, 9, 6, 3, 0
I I I I I I
1, 2, 3, 4, 5, 6

(e) *Fehler bei der Verwendung von Rechenstrategien*: Z. B. rechnet ein Kind bei der Aufgabe 155:5 zunächst korrekt 150:5= 30 und 5:5=1 bringt dann aber die Teilergebnisse zu "30" und "1" also 301 zusammen.

Etwas anders ist der folgende Fehler zu verstehen: 96:16 wird gerechnet in den Teilschritten 90:10=9, 6:6=1 und 9+1=10, also 96:16 ergibt dann 10.

(f) *Fehler mit der Null:* Bei der Division stellt die Null besondere Probleme dar, weil sie nicht in der gleichen Weise einheitlich behandelt werden kann wie bei der Multiplikation. Typische Fehler sind, daß n:0 als n, n:0 als 0, 0:n als n und/oder 0:0 als 1 angesehen werden.

EXKURS V - MULTIPLIKATION UND DIVISION

Multiplikation und Division werden gewöhnlich im zweiten Schuljahr eingeführt. Eine vollständige Behandlung setzt den Zahlraum bis 100 voraus (s. o. Exkurs I). Beide Operationen werden zunächst getrennt voneinander auf der Grundlage der Aktivierung bestimmter Alltagsvorstellungen besprochen. Erst danach geht man in der Regel auf den mathematischen Zusammenhang der Umkehroperation ein.

Bei der einführenden Bearbeitung der **Multiplikation** macht man sich zumeist eine zeitlich-sukzessive und eine räumlich-simultane Vorstellung zu dieser Operation zunutze. Erstere drückt sich in dem Beispiel aus, daß eine Person viermal in einen Beutel greift und jedesmal dabei 3 Kastanien herausholt; das zahlenmäßige Ergebnis dieser Handlung läßt sich beschreiben als 4 ✳ 3 = 12. Die räumlich-simultane Vorstellung besagt - in demselben Beispiel gesprochen -, daß auf einem Tisch 4 Haufen mit je 3 Kastanien liegen.

Zur Veranschaulichung dieser beiden Vorstellungen wird häufig die Notwendigkeit einer ganzheitlichen Darstellung hervorgehoben, die vor allem den Schülern helfen soll, sich von der fortgesetzten Addition derselben Zahl zu befreien. WITTMANN & MÜLLER (1990) schlagen hier Punktfelder vor, die sich in der Folge in das strukturierte Hunderterfeld übertragen lassen (s. u. Kap. 5.2.1.).

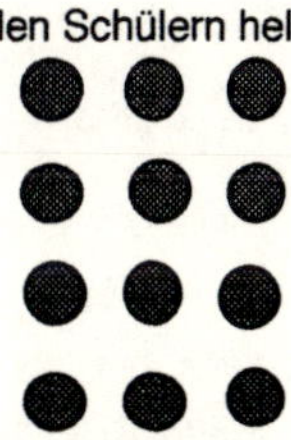

4 ✳ 3

Bei der sich anschließenden Behandlung der Einmal-Eins-Reihen wird im eher traditionellen Unterricht eine gezielte Behandlung jeder einzelnen Einmal-Eins-Reihe empfohlen. Hierbei kann man z. B. die folgende Reihenfolge wählen:

1x2, 1x4, 1x10, 1x5, 1x8, 1x3, 1x6, 1x9, 1x7[1].

In neueren Ansätzen wird dagegen stärker auf die sogenannten Kernaufgaben einer jeden Einmal-Eins-Reihe verwiesen, aus denen dann der Schüler alle weiteren Zahlen einer solchen Reihe bestim-

1 Dies ist nur eine von möglichen Reihenfolgen; s. z. B. PADBERG (1992), S. 124.

men kann. Diese Kernaufgaben sind: 1✻a, 2✻a, 5✻a und 10✻a. Ziel des Unterrichts bleibt aber auch hier die vollständig automatisierte Reproduktion des kleinen Einmal-Eins.

Bei der **Division** unterscheidet man zwischen dem "Aufteilen" und "Verteilen" als Grundvorstellungen. Beim Aufteilen geht es um die Frage, wie *oft* man eine gegebene Gesamtzahl von Elementen in gleichgroße Teilmengen mit vorgegebener Anzahl zerlegen kann. Beim Verteilen dagegen fragt man, *wieviele* Elemente eine vorgegebene Zahl von gleichgroßen Teilmengen bei gegebener Gesamtzahl enthalten. Folgende an PADBERG (1992, S. 137) angelehnte Tabelle mag helfen, diese Unterscheidung zu erkennen:

	Aufteilen	Verteilen	Malnehmen
Elementanzahl der Gesamtmenge	gegeben	gegeben	gesucht
Elementanzahl je Teilmenge	gegeben	gesucht	gegeben
Anzahl der Teilmengen	gesucht	gegeben	gegeben

Der Zusammenhang zur Multiplikation ergibt sich aus folgendem Beispiel: Aus der Aussage 3 ✻ 5 Äpfel = 15 Äpfel ergeben sich als Umkehrungen

- 15 Äpfel : 5 Äpfel = 3 (gelesen: "aufgeteilt zu") und
- 15 Äpfel : 3 = 5 Äpfel (gelesen: "verteilt an").

2.3. ZAHLBEGRIFFSERWERB UND ZÄHLEN

In diesem Abschnitt sollen Aspekte der Theorie PIAGETs zum Erwerb des Zahlbegriffs dargestellt werden. Die Entwicklungs- und Lernpsychologie PIAGETs besitzt seit mehreren Jahrzehnten in der mathematikdidaktischen Diskussion einen hohen Stellenwert. Dabei haben unterschiedliche Teile dieser Theorie zu unterschiedlichen Zeiten große Beachtung gefunden. Ihre Relevanz für die Mathematikdidaktik ergibt sich vor allem aus folgenden Gründen:

(1) In der Theorie werden allgemeine Prinzipien kognitiver Entwicklung dargestellt, die auch für das Mathematiklernen relevant sind.

(2) Es werden spezielle kindliche Entwicklungsprozesse untersucht, die sich unmittelbar auf das Mathematiklernen beziehen, wie z. B. die Entwicklung des Zahlbegriffs, des räumlichen Denkens und des logischen Denkens.

Im folgenden wird auf diese zwei Punkte eingegangen.

2.3.1. DER KONSTRUKTIVISTISCHE ANSATZ BEI PIAGET

Die prinzipielle Sichtweise des PIAGETschen Ansatzes auf die kindliche kognitive Entwicklung ist eine *konstruktivistische*. Das Kind konstruiert sich seinen Sinn von seiner Welt. Dieser Ansatz wird ausdifferenziert mit Hilfe der drei Begriffe "Assimilation", "Akkomodation" und "Äquilibration".

Das Individuum befindet sich in einer Wechselbeziehung mit seiner Umwelt. Mit Umwelt ist dabei sowohl die natürlich-physikalische als auch die sozial-gesellschaftliche Realität gemeint. Diese Umwelt wird mit dem einem Individuum zuhandenen kognitiven Repertoire erfaßt, strukturiert und beherrscht. Diesen Vorgang nennt PIAGET die *Assimilation*. Er stellt einen Aspekt der konstruktivistischen Sichtweise dar. Ein Kind (Mensch) macht sich einen "Reim" aus seinen Erfahrungen.

Umgekehrt nimmt das Kind ebenso Umstrukturierungen vor, und zwar in Richtung auf eine besser funktionierende Assimilation. Dieser Vorgang der Umstrukturierung der kognitiven Strukur wird von PIAGET *Akkomodation* genannt. Dies stellt einen zweiten Aspekt von PIAGETs konstruktivistischer Sichtweise dar. Lernen gehört hierzu. Lernen ist folglich ein konstruktiver Akt.

Zwischen der Interpretationskapazität des Individuums und den in der Umwelt durch Assimilations- und Akkomodationsprozesse zu bewältigenden Aufgaben wird ein Gleichgewichtszustand hergestellt, der das Individuum in der Situation handlungsfähig macht. Dieses Bemühen wird *Äquilibration* genannt.

Bereits auf dieser allgemeinen Ebene kann man Schlüsse für die Mathematikdidaktik ziehen. Mathematiklernen ist, wie jedes andere Lernen auch, der Prozeß des individuellen Konstruierens von Bedeutungen zu mathematikhaltigen Realitätsausschnitten. Die enhaltenen mathematischen Bestandteile werden dabei von dem Individuum nicht etwa abgelesen oder nachgeahmt. Vielmehr erschließt sich das Individuum über Akkomodationsprozesse Deutungsmöglichkeiten, die es die Situation in einer strukturell neuen und andersartigen Weise deuten läßt. Prinzipiell müssen dabei diese Deutungsneukonstruktionen nicht notwendig zu einer korrekten mathematischen Sichtweise führen.

Z. B. kann ein Kind ein Konstruktionsschema entwickeln, das ihm eine Zahlreihe zu entwickeln erlaubt. Diese Zahlreihe mag mit der mathematisch gültigen bis zur Zahl 100 übereinstimmen. Danach zählt das Kind dann mit 200, 300, 400 usw. fort. Eine solche durch Akkomodationsprozesse gewonnenen Zahlreihenkonstruktionsregel bleibt für das Kind solange gültig, bis bei Assimilationen nach dieser Art Widersprüche auftreten. Nehmen wir beispielsweise die curriculare Umwelt des Mathematikunterrichts der Grundschule, so kann diese Konstruktionsregel überlebensfähig bleiben bis zum Ende des 2. Schuljahres.

PIAGET versucht von diesem Grundansatz ausgehend eine differenzierte Theorie der menschlichen kognitiven Entwicklung zu entwerfen. Er bearbeitete ein gewaltiges Forschungsprogramm, das auf der einen Seite mathematische und physikalische Begriffsentwicklungen umfaßte und auf der anderen Seite auch die Entwicklung des moralischen Urteils beim Kinde. Er ist hierbei ein Monist (GARDNER 1993, S. 43): In allen seinen Untersuchungen ist sein Hauptinteresse die Beschreibung derselben Entwicklungsstruktur. Deshalb hat man ihn auch gelegentlich einen "Strukturalisten" genannt.

Das in dieser Arbeit vorangestellte Prinzip der Bereichsspezifität menschlichen Denkens beruht bereits auf einer Kritik an dieser Sichtweise PIAGETs. Die Prinzipien der Assimilation und Akkomodation wirken aber dennoch in diesen verschiedenen Erfahrungsbereichen, die sich dabei in verschiedene Richtungen und mit unterschiedlicher Geschwindigkeit fortentwickeln. PIAGETs Verdienst ist es, den Blick auf die innere Logik dieser Entwicklungsprozesse gerichtet zu haben (s. BRUNER 1986, S. 140f.).

2.3.2. FUNDAMENTALE EINSICHTEN FÜR DIE ENTWICKLUNG DES ZAHLBEGRIFFS

PIAGET untersucht u. a. die Entwicklung des Zahlbegriffs beim Kinde. Hierbei geht er von der allgemeinen These aus, daß das Individuum Begriffe auf der Grundlage seiner Erfahrungen bildet. Hierzu ist es nach PIAGET nötig, daß das Individuum dasselbe Objekt zu verschiedenen Zeitpunkten als identisches wiedererkennt, auch wenn es seine äußere Erscheinungsform oder seinen Namen verändert haben sollte. Nur auf der Grundlage einer solchen, als "Invarianz" bezeichneten Objekt- oder Eigenschaftskonstanz können Begriffe gebildet werden. Speziell muß ein Kind, um den Zahlbegriff erwerben zu können, in der Lage sein, die Invarianz von Anzahlen gegenüber Veränderungen ihrer gegenständlichen Repräsentation erkennen zu können.

Berühmt geworden sind hierzu PIAGETs Untersuchungen zur Mengeninvarianz: Dem Kind wird eine Reihe blauer Plättchen auf den Tisch gelegt. Sodann wird das Kind aufgefordert, gleich viele rote Plättchen daneben zulegen. Wenn das Kind gleichviele rote Plättchen ausgewählt hat und dies auch sprachlich feststellt, wird vor den Augen des Kindes die rote Reihe der Plättchen zusammengeschoben und die blaue Reihe auseinandergezogen. Viele Kinder äußern darauf hin die Meinung, daß nun weniger rote und mehr blaue Plättchen auf dem Tisch liegen. Erst im Fortgang der kindlichen Entwicklung wird ein Stadium erreicht, von dem an das Kind die Invarianz der Anzahl gegenüber solchen und ähnlichen Manipulationen erkennt. Für PIAGET ist das Erreichen dieses Stadiums der Invarianz Voraussetzung zur Entwicklung eines angemessenen Zahlbegriffs.

Nach PIAGETs Untersuchungsergebnissen wird nun diese Invarianz vom Kinde durch Begründungen festgestellt, die sich drei Klassen von Argumenten zuordnen lassen:

- dem Identitätsargument ("es ist immer das gleiche"),
- dem Reversibilitätsargument ("man kann das Verschieben der Plättchenreihe wieder rückgängig machen") und
- dem Kompensationsargument ("die Plättchenreihe ist zwar länger, aber die Plättchen liegen auch weiter auseinander").

Wichtig ist hier, daß diese Klassen von Argumenten nicht auf dem Zählen beruhen sondern von einer Fundamentalität sind, die *dem Zählen* und dem damit verbundenen Zahlbegriff *vorausgehen*. Aus PIAGETs Sicht muß ein Kind, das die Zahlwortreihe richtig aufsagt, noch längst nicht in der Lage sein, damit Anzahlen zu bestimmen. Hierzu benötigt es einen auf Invarianzeinsichten beruhenden Zahlbegriff.

2.3.3. DIE ENTWICKLUNG DES ZAHLBEGRIFFS UND ZÄHLENS AUS HEUTIGER SICHT

In der Auseinandersetzung mit PIAGETs empirischen Aussagen und Theorien ist in den letzten Jahrzehnten eine kaum noch zu überblickende Anzahl von Untersuchungen durchgeführt worden. Auf der Basis vor allem in den USA durchgeführter Studien läßt sich eine Entwicklungsequenz zum Zahlbegriffserwerb im Vorschulalter angeben, die hier exemplarisch zu vielen anderen und oft ähnlichen Entwicklungsvorstellungen ausgewählt worden ist (SAXE et al. 1987; s. z. B. auch PADBERG 1992). SAXE et al. identifizieren vier Stufen, wobei auf jeder dieser Stufen die von PIAGET behauptete Invarianz bezogen auf eine andere Funktion des Zahlbegriffs erscheint. Die Stufen lauten:

1. Erwerb der Zahlnamen in der natürlichen Reihenfolge
2. Bestimmung von Anzahlen durch Zählen
3. Vergleich von Mengenanzahlen durch Zählen
4. Rechnen durch Zählen

Stufe 1: Denotative Bezüge sind eine frühe Spracherwerbs- und Sprachproduktionstechnik. Ein Kind zeigt auf die Hauskatze und sagt dazu "Katze", "miau" oder ähnliches. Der frühe Zahlwortgebrauch ist offenbar von vergleichbarer Beschaffenheit. Ein ca. zweijähriges Kind kann Zahlwortketten produzieren, wie z. B. "eins, zwei, sieben"; es ist aber wenig plausibel, daß es dabei eine Eins-zu-Eins-Korrespondenz zwischen der Zahlwortreihe und den vorliegenden Objekten herstellt. Somit verbindet das Kind mit seiner Zählaktivität auch noch keine Zahlenwertvorstellung. Es stellt lediglich eine Korrepondenz her zwischen Zahlwortreihen und Zählsituationen.

Stufe 2: Die 3-bis 4-jährigen Kinder gehen beim Abzählen von Objekten einer Menge systematisch vor und entwickeln dabei auch eine Vorstellung vom Wert einer Zahl. Man kann beobachten, wie jetzt Kinder versuchen, sicherzustellen, daß jedem Objekt auch genau ein Zahlwort aus der Zahlwortreihe zugeordnet wird.

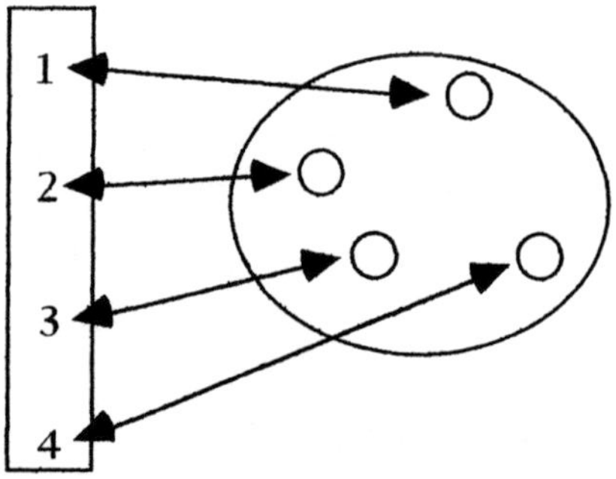

Stufe 3: Auf dieser Stufe erkennt das Kind, daß man nicht nur Beziehungen zu einzelnen Objekten und einer Zahl in einer Zahlwortreihe herstellen kann, sondern daß es auch möglich ist, die Anzahl zweier Mengen zu vergleichen. Eine typische Alltagshandlung ist hier das Tischdecken. Ein Kind kann feststellen, wieviel Tassen gedeckt werden müssen, wenn bereits die Teller auf dem Tisch sind. PIAGETs Invarianz-Untersuchungen lassen sich dieser Stufe zuordnen.

Stufe 4: Kinder im Einschulalter können einfache arithmetische Aufgaben mit Zahlen lösen. Gewöhnlich bedienen sie sich dabei einer der bereits im Exkurs III vorgestellten Zählstrategien. Es sei betont, daß mit diesen Zählstrategien die Kinder offensichtlich nur in ganz bestimmten Mikro-Welten arbeiten. In der Fallstudie mit Miriam ist dies die Zähl-Welt.

3. SOZIOLOGISCHE ANALYSE MATHEMATISCHER UNTERRICHTS-PROZESSE

Die Perspektive auf das Unterrichtsgeschehen wird hier verstanden als ein Blick auf ein institutionalisiertes soziales Geschehen: Lehrer und Kinder wirken in einer definierten Räumlichkeit an mehreren Vormittagen der Woche mehr oder weniger gut zusammen. Dieser Interaktionsraum wird als "Mathematikstunde" bezeichnet. In den regelmäßig wiederkehrenden Zusammentreffen etablieren sich gewöhnlich Absprachen und Gewohnheiten über Handlungsfolgen bis hin zu Handlungsmustern, Routinen und Ritualen. Dieser Aspekt der Stereotypisierung soll der "Alltag" oder die "Praxis" dieser Mathematikstunden genannt werden.

Die detailliertere Analyse der Stukturierungen dieses Alltags steht in diesem Kapitel in dem Vordergrund. Genauer dargestellt wird

- *wie* sich dieser Alltag in jeder Stunde immer wieder neu erzeugt,
- *wie* mathematische Themenstellungen in diesen Prozessen entstehen und
- *wie* diese Praxis das Lernen von Mathematik ermöglicht und beeinflußt.

Diese Aufzählung zeigt, daß hier das "wie", also das Funktionieren dieses Interaktionsraumes, interressiert. Das "was", also die mathematischen Inhalte des Unterrichts treten hier als abgeleitete Produkte auf, die in der Interaktion im Unterricht hervorgebracht werden. Dies ist eine ganz bestimmte Sichtweise auf ein altes schulpädagogisches Problem, nämlich das der "Interdependenz zwischen Inhalt und Methode". In der Pädagogik wird dieser Zusammenhang kontrovers diskutiert und hier sollen lediglich zwei sich diametral gegenüberstehende Positionen dargestellt werden. Dabei wird hier nicht darauf eingegangen, daß diese Positionen sich teilweise weiterentwickelt haben[1].

Die erste Position ist die "klassisch" zu nennende bildungstheoretische Auffassung von KLAFKI (1971) aus den 60-er und 70-er Jahren, die als das "Primat der Didaktik im engeren Sinne gegenüber der Methodik" bezeichnet wird:

> "Bevor man ... erforschen oder erproben oder darüber Aussagen machen kann, welcher Weg, welche Methode für diesen oder jenen erstrebten Lehr- oder Lernvorgang bei bestimmten gegebenen Bedingungen mehr oder weniger zweckmäßig sind, muß man das Ziel oder die Ziele und die auf diese Ziele hin ausgewählten Inhalte kennen, die durch die Lehre vermittelt und im Lernen angeeignet werden sollen" (S. 70).

Diese Position ist nicht unwidersprochen geblieben und man hat sich bemüht, den Zusammenhang zwischen Inhalt und Methode stärker in Richtung auf eine sich wechselseitig beeinflussende *Interdependenz* zu beschreiben. Aber auch bei diesen Bemühungen wird letztlich doch wieder die Methode als "etwas Zweites" verstanden (s. TERHART 1983, S. 20ff).

Die ursprüngliche Position KLAFKIs hat einen großen Einfluß auf die Lehrerausbildung, insbesondere auch in der zweiten Phase gehabt. Bei dieser Annäherung an die unterrichtliche Praxis hat KLAFKIs Standpunkt, wie auch insgesant die geisteswissenschaftliche Unterrichtstheorie, häufig eine "Vulgarisierungstendenz" (TERHART 1983, S. 25) erfahren, die das lernende Subjekt nahezu zu einer "Randbedingung im Prozeß der Tradierung von Bildungsgütern" (ebenda S. 25) verkommen läßt. Didaktische Analyse in dieser unterrichtsnahen Ausbildungsphase besteht zumeist nur noch aus einer Inhaltsanalyse im Hinblick auf dessen Bildungsgehalt. Das lernende Subjekt erscheint nur noch als methodisch zu steuerndes Motivations- und Disziplinierungsproblem.

In der sogenannten "Konstruktiven Didaktik" und der "Generativen Didaktik" sind Ansätze entwickelt worden, die sich diesem Inhaltsdogmatismus widersetzen und die Bedeutung der Unterrichtsmethode wieder in den Vordergrund unterrichtlichen Handelns und Reflektierens bringen. Bei diesen Ansätzen wird formuliert, daß in dem methodischen Arrangement ein Stück Wirklichkeit modelliert wird, das dann gemäß

---

1 s. hierzu z. B. TERHART (1983), an den sich die folgenden Ausführungen weitgehend halten.

dieser Methoden im Unterricht hergestellt wird. In sofern wird eben im Unterrricht nicht ein vorher didaktisch reflektierter Inhalt qua Methode in die Köpfe der Kinder transportiert. Es wird vielmehr dieser Inhalt durch die Methode im Unterricht in einer ganz spezifischen konkreten Form erzeugt. Hierbei spielt die Interaktion eine entscheidene Rolle. Sie ist ein konstitutiver Faktor für die Art und Weise, wie die Inhalte im Unterricht thematisch werden und bearbeitet werden. Dies stellt eine Umkehrung der Primatthese von KLAFI dar.

Die Generative Didaktik führt diesen Ansatz noch weiter, indem sie die konstitutive Funktion der durch Methoden geprägten Interaktion auch auf das Lernen der Kinder ausweitet. Unterrichtsmethode ist hierbei nicht nur für das Erscheinungsbild der Unterrichtsinhalte verantwortlich, sondern auch für das Lernen (s. TERHART 1983, S. 50). Es wird hier die Behauptung aufgestellt, daß

> ".. der Unterrichtsaufbau nicht eine Ableitung der Sachgesetze einerseits und der Lerngesetze andererseits sei, sondern daß umgekehrt die Sache und ihre Erkenntnis in der Schule bestimmt werden vom Unterrichtsaufbau und daß weiter die kindliche Logik ganz wesentlich abhängig ist vom Unterrichtsstil und von der Unterrichtsmethode" (LOSER 1966, S. 441).

Unterrichtsmethodisch geleitetes Handeln ist also im doppelten Sinne konstruktiv. In dem dazugehörigen Interaktionsraum werden sowohl Strukturen des Inhalts als auch Bedingungen des Lernens erzeugt. Im folgenden soll auf diese miteinander verschränkten Aspekte unterrichtlichen Handelns eingangen werden. Hierzu werden zunächst typische Merkmale des Interaktionsraums "Mathematikstunde" beschrieben (3.1.) Sodann wird auf den Zusammenhang von Interaktion und Mathematiklernen eingegangen (3.2.).

3.1. STRUKTUREN MATHEMATISCHER UNTERRICHTSINTERAKTION - DER ALLTAG

3.1.1. EIN BEISPIEL: DER ZAUBERBALL ZU 30 DM

Dieser Abschnitt soll mit einem Beispiel eröffnet werden. Es stammt aus NETH & VOIGT (1991, S. 91ff.). Das Beispiel ordnet sich in ein umfassenderes Forschungsprojekt ein, in dem relativ regelmäßig eine Klasse während ihrer vier Grundschuljahre in ihrem Mathematikunterricht beobachtet wurde (s. z. B. KRUMMHEUER & VOIGT 1991).

Das umfassende Unterrichthema im folgenden Beispiel lautet "Addition und Subtraktion in Zahlraum bis 100". Neben der Einführung der Multiplikation und Division stellt dieses Thema den Hauptteil des Arithmetikunterrichts der 2. Jahrgangsstufe dar[1].

i r e

L: so. .. dieser, dieser Ball .. ist ein, das ist ein ganz ganz besonderer Ball (*4 sec*)
S: 200 Mark fünfzig
S: 200 Mark
L: dieser Ball kostet'... das ist ein Zauberball der kostet -
S: 200 Mark
S: 100 Mark
L: das ist zuviel., der kostet dreißig Mark. (*trägt 30 DM unter den Ball ein*) dreißig DM. .. und .. Jennifer, jetzt ist der Mund zu ... Andreas, Matthias bitte - ... und der (*schreibt "Peter" an die Tafel, 2 sec*) Peter, der möchte sich diesen Ball, schrecklich gerne kaufen ... Anita halt jetzt deinen Mund., und der hat schon tüchtig gespart' .. und als der seine Spardose aufmacht und nachguckt da sieht der daß er (*schreibt hinter "Peter" noch "24 DM", 2 sec*)
S: dreißig DM
L: vierundzwanzig Mark schon gespart hat.
S: gut ne'
S: oh, so wenig
S: ich hab schon sechsunddreißig
L: so. wer jetzt was sagen möchte meldet sich. jetzt wird nicht in die Klasse gerufen .. der steht vor dem Laden und guckt sich das Preisschildchen an und den Ball und überlegt (*4 sec*)
S: (*sehr leise*) der braucht noch sechs Mark
L: was überlegt der wohl ... Andreas.

1 Die Funktion der drei rechten Spalten wird weiter unten erklärt (s. Abschnitt 3.1.2.). Zu den Transkriptionsregeln siehe am Schluß Kapitel 8.

Andreas: ö. ob er das Geld, ob er das noch, wieder in die
Spardose tut das Geld, und dann spart ers weil,
wenn die Oma mal kommt dann kriegt er mit Sicher-
heit nochn bißchen Geld Taschengeld.
L: (*flüstert*) ja, richtig.+
Katrin
Katrin: er kann auch überlegen, mal sehn, hoffentlich
krieg ich beim Diktat oder sowas oder beim Rechen-
test null Fehler hab daß ich vielleicht etwas
Taschengeld kriege von seiner Oma oder -
Anita: wenn, der jetzt hier in der Schule ein
Diktat geschrieben hat und null Fehler dann
kriegt man von der Lehrerin kein Geld
L: (*lacht*)
Ss: nein, von der Mutter!
L: von der Mutter meinte sie. jaha' ja, ihr habt
mir jetzt alle schon gesagt ihr macht euch Gedan-
ken wie dieser Peter wohl zu dem fehlenden Geld
kommt., ich mach mir natürlich Gedanken, wieviel
fehlt dem denn eigentlich noch'
Ss: sechs mar, sechzehn Mark
L: wer kann, das Zahlensätzchen, dazu aufschreiben.
.. paßt mal auf. nehmt mal euer Heft und schreibt
es in euer Heft und einer schreibt es an die Ta-
fel. und dann vergleicht ihr

Zunächst scheint es angebracht, den methodischen Aufbau, der dieser Episode zugrunde liegt, kurz zu erläutern. Sodann werde ich darlegen, welcher Inhalt nach meiner Meinung in dieser Unterrichtsstunde kontituiert worden ist, und anschließend, wie dies erfolgt ist.

3.1.1.1. DER METHODISCHE AUFBAU DER STUNDE

Man erkennt, daß es sich hier um einen organisierten und geplanten Unterrichtsprozeß handelt. Die Lehrerin bringt das Bild eines Balles mit und heftet es an die Tafel. Dies ist bereits Ausdruck dafür, daß bei ihr vorstrukturierende Absichten über den Unterrichtsverlauf bestehen[1]. Aber auch die Kinder scheinen auf diese Situation vorbereitet zu sein. Recht übereinstimmend nennen sie Geldbeträge. Der angedeuteten Besonderheit des Balles entsprechend schätzen sie den Wert zwischen 250 und 100 DM ein. Die Lehrerin verneint dies und reduziert den Preis auf 30 DM mit dem Hinweis, daß die Schülerschätzungen zu hoch seien.

Auch diese Reduktion ist geplant und hat wenig mit dem möglichen realen Wert eines Balles zu tun: Die Kinder lernen nach Lehrplan nämlich gerade das Addieren und Subtrahieren im Zahlraum bis 100. Die Preisvorschläge der Kinder befinden sich alle darüber. Die Lehrerin korrigiert somit den Preis in diesen Zahlraum hinein. Aus Sicht der Lehrerin geht es hier nicht um eine angemessene Wertschätzung eines Zauberballes sondern um die Einhaltung des curricular bestimmten Zahlraumes.

Aber selbst die Zahl 30 ist nicht beliebig aus diesem vorgegebenen Intervall von 0 bis 100 herausgegriffen. Wie man aus dem Kontext der Stunde und aus dem gängigen methodischen Aufbau hierzu entnehmen kann, ist diese Zauberballepisode eingebunden in die methodische Stufe des "Ergänzens zur nächsten Zehnerzahl". So steht es auch als Überschrift auf der Schulbuchseite (s. auch Exkurs I).

3.1.1.2. DAS KONSTITUIERTE THEMA DER STUNDE

Wie man sieht, sind die Kinder nach diesem Stufenplan schon recht weit in die Materie des Addierens und Subtrahierens im Zahlraum bis 100 vorgedrungen. Rekonstruieren läßt sich auch, daß für die Kinder das Hauptthema darin zu bestehen scheint, wie man als Kind zu dem fehlenden Betrag von 6 DM kommt, wogegen für die Lehrerin das Hauptanliegen zu sein scheint, die Größe des Fehlbetrages zu bestimmen und dies mittels einer mathematischen Gleichung additiver Struktur vorzunehmen. Sie spricht hier vom "Zahlensätzchen", das es aufzuschreiben gelte.

Es dominiert also zunächst der Eindruck einer *Deutungsdifferenz* zwischen der Lehrerin und den Schülern (s. auch unten 3.2.2.). Die Konstitution eines gemeinsamen Unterrichtsthemas erscheint hierdurch erschwert. Der weitere Unterrichtsverlauf bringt hier Klärung. Direkt anschließend wird das Bild des Balles durch ein Bild von einem Paar Schuhen ersetzt. Als Preis legt die Lehrerin 60 DM fest und die in ihr Porte-

---

1 Dies muß nicht heißen, daß eine ausführliche Unterrichtsvorbereitung vorhergegangen ist. Es kann auch sein, daß dieses planerische Moment bereits zur Routine geworden ist (s. u. zur Lehrerperspektive).

monnaie schauende Mutter hat nur noch 52 DM. Die Kinder schreiben nun ohne jede weitere Verzögerung den Zahlensatz 52DM + 8DM = 60 DM in ihre Hefte. Diese Szene dauerte schon nicht mehr länger als eine Minute.

Offenbar ist nun für alle Beteiligten deutlicher, um was es hier geht, was das *offiziell geltende Thema* des Unterrichts ist. Er ist die Ableitung eines Zahlensatzes aus einer fiktiven Einkaufssituation, in der dem Käufer ein bestimmter Betrag zum Erwerb eines ausgezeichneten Gegenstandes fehlt. Es geht hier um die *Mathematisierung* von Situationen des Einkaufens in der Absicht, die aus einer methodischen Stufung sich ergebene Ergänzung zum nächsten Zehner zu bearbeiten.

EXKURS VI: GRÖSSEN UND SACHRECHNEN

In dem Beispiel mit dem Zauberball wurde mit "Geld" gerechnet. Insbesondere im ersten Schuljahr kann man noch davon ausgehen, daß für einige Kinder der Umgang mit Geld in einer von den Zählhandlungen isolierten Mikro-Welt abgelagert ist. In üblicher didaktischer Terminologie verbindet man mit dem Rechnen mit Geld oder auch mit Längen, Zeitspannen, Flächeninhalten, Volumina usw. ein Gebiet aus dem "Sachrechnen".

Mit diesem Begriff werden in der Regel zwei Gesichtpunkte verbunden, womit ein doppelter Modellbildungsprozeß beschrieben wird (s. WINTER 1985, S. 31ff.) :

- Einmal besteht der Anspruch, daß auch der Mathematikunterricht einen Beitrag zur "Umwelterschließung" leistet. Das Kind soll mit Hilfe mathematischer Einsichten Aspekte seiner Umwelt tiefergehend verstehen und analysieren können. Der Sachkontext Geld mag hier als ein Beispiel dienen. In diesem Falle wird die Mathematik verwendet, um einen bestimmten Alltagskontext mathematik-gerecht zu modellieren. Hier spricht man häufig vom Prozeß der "Mathematisierung".
- Zum anderen versucht man auch häufig, Alltagserfahrungen der Kinder nutzbar zu machen, um einen auf die Mathematik bezogenen Lernprozeß zu fundieren oder zu motivieren. So können z. B. Erfahrungen mit dem Wechseln von Geld und den verschiedenen Währungseinheiten, wie 1 DM, 10 DM und 100 DM angesprochen werden, um dem Kind die Struktur des dezimalen Stellenwertsystems zu verdeutlichen. Auch die obige Episode zum Zauberball gehört in diese Sparte.

Sachrechnen wird häufig mit "Textaufgaben" gleichgesetzt. Dies versucht man in der didaktischen Literatur durch differenzierte Klassifikationsbemühungen zu relativieren (s. z. B. FRICKE 1986; WINTER 1985). Formal gesehen werden viele Aufgaben zum Sachrechnen zumindest ab der zweiten

Jahrgangsstufe in Form von Texten präsentiert, so daß das Kind in der Regel über eine angemessene Lesefähigkeit verfügen sollte.

Sachrechnen im mathematischen Anfangsunterricht fußt in gewisser Weise auf einem Balanceakt der beiden genannten Aspekte von Modellbildungsprozessen. Die mathematische Erschließung einer Alltagssituation, wie z. B. dem Einkaufen, und die Nutzbarmachung von Alltagserfahrungen, wie z. B. der dezimalen Strukturierung unseres Währungssystems, ergänzen sich im Unterricht wechselseitig. Sowohl das benötigte mathematische Wissen als auch die relevanten außermathematischen Alltagserfahrungen sind in der Regel bei den Kindern im Anfangsunterricht noch nicht soweit entwickelt, daß man sie als hinreichend strukturiert und stabil voraussetzen könnte. Die beiden Erfahrungsbereiche werden wechselseitig für ihre Ausdifferenzierung nutzbar gemacht. Es sei hier beispielhaft an die Fallstudie von Miriam erinnert (s. Kap. 2.1.). Insbesondere LORENZ & RADATZ (1993) sehen im Sachrechnen für rechenschwache Kinder keinen großen Gewinn zum Erlernen der vier Grundrechenarten (s. S. 143ff.). Dies zeigt, daß diese sich wechselseitig stützende doppelte Modellbildung allem Anschein nach eine intellektuell anspruchsvolle Aktivität ist, die im Unterricht gründlich vorbereitet werden muß und nicht als eine Art selbsterklärender Analogieschluß gehandhabt werden kann. Eine vergleichbare Einsicht wurde bereits bei dem Fragenkomplex zu Veranschaulichungen formuliert (s. Kap. 2.2.1.2.).

3.1.2. DER FRAGEND ENTWICKELNDE UNTERRICHT

Im folgenden soll ein wenig genauer die typische interaktive Strukturierung der Unterrichtsszene vom Zauberball beschrieben werden. Die einzelnen Schritte folgen einem in vielen empirischen Untersuchungen bestätigten typischen interaktiven Dreischritt: Auf eine Eröffnung, Problematisierung oder ein Strukturierungsangebot folgen Antworten und Reaktionen, die schließlich wieder einer bewertenden Kommentierung unterzogen werden. Dabei werden der erste und dritte Schritt vom Lehrer vorgenommen und der mittlere Schritt obliegt den Schülern. MEHAN (1979) beschreibt diese Interaktionsstruktur als "initiation - reply - evaluation", was mit "Initiation", "Erwiderung" und "Wertung" übersetzt werden kann. Dieser Dreischritt stellt bereits eine recht formale und abstrakte Zusammenfassung unterrichtlicher Interaktionsverläufe dar. Die Schrittfolge wird oft wiederholt, so daß sich eine unterrichtsmethodische Figur ergibt, die man als "fragend-entwickelnd" bezeichnet.

Die Struktur alltäglicher Dialoge außerhalb der Schule ist hiervon verschieden. Eine Gegenüberstellung aus SINCLAIR & COULTHARD (1977) mag dies verdeutlichen:

außerschulische Situation	**schulische Situation**
A: Wie spät ist es, Susan?	L: Wie spät ist es, Susan?
B: Drei Uhr.	S: Drei Uhr.
(A: Danke)	L: Gut, mein Kind.

In der außerschulischen Alltagssituation fällt der dritte Schritt oft weg und spielt für die Klärung der aktuellen Uhrzeit keine Rolle mehr. In der schulischen Situation kommt diesem dritten Schritt dagegen eine ganz entscheidende Funktion zu. Erst durch ihn wird auf der Interaktionsebene ratifiziert, was als richtige Antwort gilt.

SACKS (1972) spricht bei der außerschulischen Dialogsituation von einem "adjacency pair", was ins Deutsche zumeist mit "Anschlußpaar" übersetzt wird (s. FAUST-SIEHL 1987). Mit diesem Begriff soll die Zusammengehörigkeit von "initiation" und "reply" für die Bedeutungskonstitution hervorgehoben werden. Interessant ist nun, daß MEHAN dieses SACKsche Konzept für die Unterrichtssituation nicht zu einem adjacency triple erweitert, sondern zu einem geschichteten Anschlußpaar modifiziert:

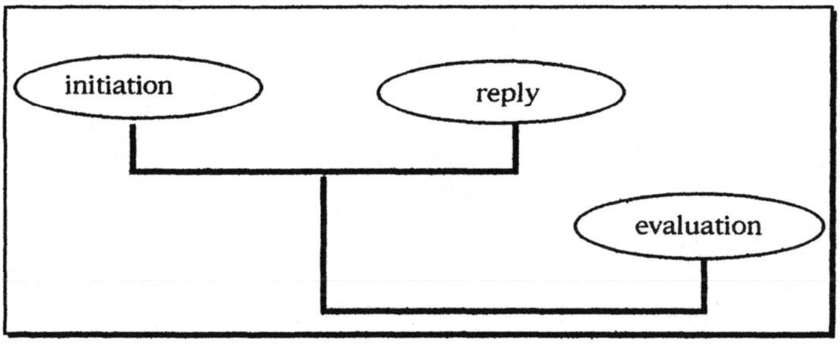

"The initiation-reply is the first adjacency pair. When completed, this pair becomes the first part of a second adjacency pair" (MEHAN 1979, S. 54).

Hierdurch wird ein für den Unterrichtsdiskurs typisches Merkmal formal charakterisiert: Das erste adjacency pair "initiation - reply" verliert an klärender Wirkung. Die so hervorgelockte Antwort stellt gleichsam ein tentatives Deutungsangebot für eine mögliche Themenkonstitution dar. Seine Brauchbarkeit, und damit der offiziell ratifizierte Beitrag zum Thema, wird erst im Evaluationsschritt vollzogen. Im geglückten Fall wird aus der Anzahl derartiger Probekonstitutionen das erwünschte initiation-reply Anschlußpaar ausgezeichnet. Erst hierdurch konstituiert sich ein gültiges Element des offiziellen Inhalts. Man erkennt an dem vorgestellten Unterrichtsbeispiel, daß die Eigenschaften des Zauberballes in der Initiationsphase gar nicht so weit geklärt werden, daß man intellektuell redlich einen Preis für ihn nennen könnte. Die Antworten der Schüler haben somit notwendig "Lotterie-Charakter".

In dem Unterrichtsbeispiel strukturieren sich weite Strecken des Unterrichtsverlaufs gemäß diesem geschichteten MEHANschen Dreischritt. Er ist z. B. wiederzufinden in Zeile 5 - 10:

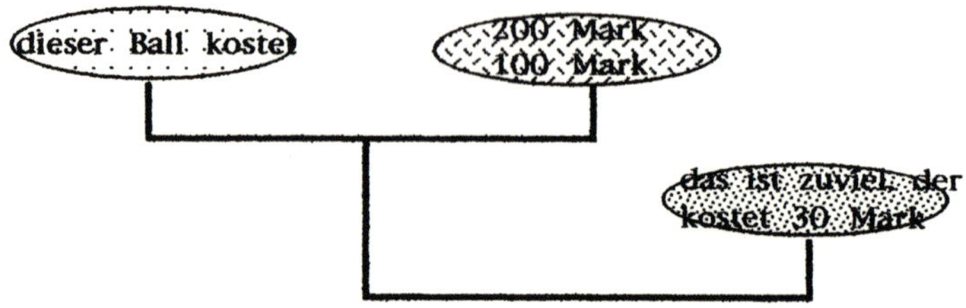

Ferner tritt er auf in den Zeilen 30 - 35, 35 - 48 und 48 - 52. In dem oben wiedergegebenen Transkript ist dies anschaulich in den letzten drei Spalten dokumentiert. Ein kleiner Ausschnitt mag dies illustrieren:

30 L: was überlegt der wohl ... Andreas.
31 Andreas: ö. ob er das Geld, ob er das noch, wieder in die
32 Spardose tut das Geld, und dann spart ers weil,
33 wenn die Oma mal kommt dann kriegt er mit Sicher-
34 heit nochn bißchen Geld Taschengeld.
35a L: (*flüstert*) ja, richtig.+

Schwarz eingefärbte Felder in der äußersten rechten Spalte stehen für "evaluation". Grau eingefärbte Felder in der Spalte links daneben stehen für "reply" und die leicht schattierten Felder in der dritten Spalte von rechts stehen für "initiation". Ein Blick zurück auf das vollständige Transkript zeigt, wie sich dieser Dreitschritt von Zeile 30 bis 52 mehrfach wiederholt.

3.2. STRUKTUREN MATHEMATISCHER UNTERRICHTSINTERAKTION UND DAS LERNEN VON MATHEMATIK

Gewiß möchte man Alternativen zum fragend-entwickelnden Unterricht nennen können und vorschlagen wollen. Man sollte hier jedoch zum einen sehen, daß diese Form des Unterrichtens auch durchaus in dem Sinne positive Seiten hat, als er bestimmte Anforderungen an einen Unterricht im Klassenverband erfüllen kann. Durch den kurztaktigen Rhythmus Frage - Anwort - Bewertung kann erreicht werden, daß

- relativ viele Schüler in relativ kurzer Zeit am Unterricht beteiligt werden,
- der erreichte Stand des Schülerverständnisses zum Unterrichtsstoff (für den Lehrer) erkennbar wird,
- eine vom Lehrer gutgeheißene Darstellung des Stoffes bewirkt wird und
- in der Regel eine Balance zwischen dem Einhalten des Zeitrahmens von 45 Minuten und einer gewissen Flexibilität im Unterrichtsablauf hergestellt wird (zu allen Punkten s. z. B. BROMME 1992, S. 74).

Es ist hier nicht die Rede davon, daß diese genannten Punkte zufriedenstellend im alltäglichen fragend-entwickelnd strukturierten Unterricht verwirklicht werden. Es wird lediglich darauf hingewiesen, daß man mit dieser Unterrichtsform auf diese unterrichtlichen Anforderungen funktional so reagieren kann.

Ein Blick in die Geschichte zeigt, daß diese Art zu unterrichten einst als innovativ und modern galt und daß wir den heutzutage beobachtbaren Unterrichtsalltag in dieser Hinsicht auch als eine kulturelle Leistung verstehen können, die unsere Gesellschaft in den letzten 150 Jahren erbracht hat. Freilich kann man Bedenken äußern, ob dieses Erreichte auch für die Zukunft unserer Schule ausreicht.

Auf diesen geschichtlichen Aspekt soll im folgenden zunächst eingegangen werden (3.2.1.). Daran anschließend wird zu zeigen versucht, daß Unterricht auf Differenzen beruht (3.2.2.). Sie sind zum einen notwendig, um Lernen zu ermöglichen. Sie können zum anderen aber auch dazu beitragen, daß Unterricht zusammenbricht. Man wünscht sich also im Blick auf eine alternative Unterrichtsgestaltung Interaktionsformen, die diese Gefahr bändigen helfen. Hierauf soll in weiteren Abschnitten eingegangen werden (3.2.2.1. und 3.2.2.2.).

3.2.1. EIN GESCHICHTLICHER RÜCKBLICK

Die Kombination von Dreischritt und methodischer Kleinschrittigkeit der Unterrichtsinteraktion ist ein historisch gewachsenes Phänomen. Im MEHANschen Dreischritt kann man die Mikrostruktur der sogenannten "sokratischen Methode" sehen, die im 18. Jahrhundert unter dem Ansatz der "entwickelnden Lehrerfrage" bzw. "sokratischen Katechese" propagiert wurde[1].

Im 18. Jahrhundert wurde von Pädagogen wie Gustav Friedrich DINTER, Adolph DIESTERWEG und Alwin REINSTEIN das Konzept der "entwickelnden Lehrerfrage" gegenüber dem der "zergliedernden" Lehrerfrage, wie sie im 17. Jahrhundert im Mittelpunkt der Dikussion stand, entwickelt. Die *zergliedernde* Lehrerfrage meinte ein zergliederndes Abfragen eines bereits bekannten Unterrichtsinhaltes. Demgegenüber wurde mit der *entwickelnden* Lehrerfrage der Anspruch verbunden, daß die Schüler einen begonnenen Gedanken zu Ende bringen, ohne sich allein auf einen bereits behandelten Unterrichtsstoff gedächtnismäßig stützen zu können. DINTER (1887) formuliert dies so:

> "Der Sokratiker als solcher soll dem Kind nichts geben, sondern alles aus ihm nehmen. Er soll das Kind so leiten, daß es aus dem, was ihm bekannt sei, das *selbst* finde, was er ihm jetzt darzustellen wünscht. Hierin besteht das Hauptgeschäft, die Hauptgeschicklichkeit des Sokratikers, das *Ablocken*" (S. 376).

Im Detail folgt für diesen Ansatz, daß der Unterrichtsinhalt sich in einer feingesponnen Frage-Antwort-Kette konstituiert, über deren Beantwortung der Schüler vom bekannten Begriff über Urteile zu neuen Begriffen gelangen soll:

> "Man geht von dem aus, was dem Lehrling auf irgend einem Wege schon bekannt ist; man ordnet das Bekannte so, daß dasjenige, was man ihm geben will, von selbst als Resultat daraus hervorgeht; man bildet die so gefundenen und geordneten Sätze durch Auslassen eines oder mehrerer Bestandteile in zweckmäßige Fragen um" (ebenda S. 371).

Sicherlich hat sich der Unterricht in der Zeit von DINTER bis heute weiterentwickelt. BLOCH (1969) führt aus, daß dem Ansatz der "entwickelnden Leherfrage" etwa ab Mitte des 19. Jahrhundert eine Periode folgte, in der noch stärker die Eigenständigkeit des Kindes gefordert wurde, und zwar in Form der "offenen Lehrerfrage". Auch das Konzept der "sokratischen Methode" hat in der Folgezeit ein anderes Gesicht bekommen. Nichts destoweniger zeigt sich aber, daß zumindest der be-

---

1 Zum folgenden s. vor allem MAIER & VOIGT (1989).

obachtete Mathematikunterricht sich immer noch auf die bereits bei DINTER propagierte kleinschrittige Zerlegung eines Unterrichtsinhalt stützt. Ich erinnere an den methodischen Stufenplan zur Behandlung der Addition und Subtraktion in Zahlraum bis 100. Die Stufung ist so ersonnen, daß idealer Weise jede neue Schwierigkeitsstufe aus Bezugnahme und Kombination vorhergehender Stufen gemeistert werden sollte (s. Exkurs I).

3.2.2. DIE NOTWENDIGKEIT VON DIFFERENZEN

Eine kleinschrittige Unterrichtskonzeption geht davon aus, daß es zwischen Lehrer und Schülern eine *gemeinsam geteilte sachlogische Rationalität* gibt, die es den Schülern ermöglicht, auf eine feingestufte Fragensequenz antworten zu können. Diese Unterstellung läßt sich m. E. nicht halten. Hierfür sollen zwei Gründe genannt werden, ein empirischer und ein theoretischer:

Empirisch erkennt man dies daran, daß die übliche Unterrichtsinteraktion doch noch des evaluierenden Abschlußzuges des Lehres bedarf. Wie dargelegt verliert die eröffnende Interaktionsfolge "inititiation-reply" in dem typischen MEHANschen Dreischritt an sachklärender Bedeutung. Die "replies" der Schüler haben eher den Charakter von Probeantworten und ähneln in vielen Fällen Teilen eines Ratespiels. Erst im dritten Schritt wird durch den Lehrer evaluativ die Wirksamkeit der Sachlogik eingebracht.

Theoretisch - und dies soll hier ausführlicher dargelegt werden - kann unterrichtliche Kommunikation nicht auf einer gemeinsamen sachlogischen Grundlage basieren. In einem solchen Fall brauchte man keinen Unterricht und der einzelne Schüler könnte die Mathematik sich selbst erarbeiten. Vieles spricht aber dafür, daß der Erwerb mathematischen Wissens erst in Auseinandersetzung mit mathematisch kompetenteren Personen, wie etwa einem Lehrer, ermöglicht wird. Entscheidend ist hier dann der Unterschied, die Differenz der Deutungen und der damit verbundenen Rationalitätsüberlegungen.

Ein Beispiel aus den Geometrieunterricht einer zweiten Klasse sei zur Illustrierung vorangeschickt[1]: Es handelt sich hier um eine Einfüh-

1 Die Episode stammt aus der wissenschaftlichen Hausarbeit von S. JEUCK "Behandlung geometrischer Themen im 2. Schuljahr", die 1991 im Rahmen

rungsstunde in das Gebiet der "Achsensymmetrie". Nach Anweisung der Lehrerin fertigen die Kinder Phantasie-Klecksbilder an. Häufig färbte dabei beim Zusammenklappen der beiden Papierhälften das Originalbild nicht ab, da offenbar die Farbe bereits zu trocken war. Viele Kinder mußten daher ein zweites Klecksbild anfertigen. Anschließend wurde ein Unterrichtsgespräch geführt, in dem die Kinder über ihre Bilder reden sollten. Hiervon handelt das folgende Transkript.

L Christoph, Marie-Luise, Dennis, Ella, ihr könnt euch
jetzt melden, ihr könnt erzählen, was ihr herausge-
funden habt .. was ihr entdeckt habt, was euch auf-
fällt- die Blätter bleiben liegen. Holger'
H Ich hab bei mir da so drei Farben, Gold, Silber,
Blau ... und da ist ein Berg rausgekommen mit Gold
und dem anderen Blau.
L Dennis'
D Bei mir ist ein Schmetterling rausgekommen-
L Mirko'
M Bei mir, ich hatte ... das ist nicht genauso gewor-
den, wie bei dem, was ich gemalt hatte bei der ersten
Hälfte .. das ist nämlich hier ... ist net so genau, da kann
man es nicht so genau sehen.
L Kannst du dir vorstellen, woran es liegt, daß man es
nicht so genau sehen kann an der anderen Hälfte'
R Der hat nicht so viel Wasser genommen.
Zwischenruf
M Das hab' ich schon, aber vielleicht ist das zu schnell
getrocknet.
L Marie-Luise'
M-L Ich hab' auch drei Farben genommen .. das war
lila, pink und blau. und da ist das auch wie ein
Schmetterling geworden-
L Christoph'
Ch Ich hab rot und blau und grau gemischt und dann
noch blau und grau und nochmal blau und dann ist

---

der Ersten Staatsprüfung für das Lehramt an Grundschulen am wissenschaftlichen Prüfungsamt in Gießen eingereicht wurde.

es auch ein Schmetterling geworden-

L Gut. nehmt mal gerade die Finger runter. jetzt haben eine Reihe erzählt, was sie für Farben genommen haben .. was daraus geworden ist .. jetzt könnt ihr mal überlegen, was ist euch denn bei diesem Tun aufgefallen' hat einer etwas entdeckt'

Einige Schüler rufen aaah *und* ach so

M So langsam komme ich etwas drauf, wenn das was mit Mathe zu tun hat-

weitere Kinder rufen aha-

L Marie-Luise'

M-L Daß es so bunt ist'

Aha, wer hat denn noch was entdeckt', Christoph'

Ch Daß es schon ein bißchen getrocknet ist-

L Wer hat noch was entdeckt', Holger'

H Daß da ... Gold rausgekommen ist-

L (*macht mit beiden Händen abwehrende Geste*) Dennis'

D Da ist noch irgendwas frei hier oben-

L Mirko'

M Daß das irgendwas mit Mathe zu tun hat .. da hat man auf der einen Seite das gemacht und auf der anderen Seite kommt das Gleiche raus .. daraus kann man 'ne Matheaufgabe machen-

T Eins plus zwei.

A Eins plus eins gleich zwei-

L Ich hab' euch gesagt, wir arbeiten heute ohne Zahlen- trotzdem hat der Mirko herausgefunden, man kann eine Matheaufgabe daraus machen- Mirko, kannst du diese Matheaufgabe in Worte fassen' oder das Ergebnis dieser Aufgabe in Worte fassen'

M Hmm, das muß ich aber erst nachzählen-

L Ohne Zahlen, ohne Zahlen- du hast von zwei Seiten .. geredet .. das war schon fast alles richtig. auf die eine Hälfte des Blattes haben wir ... Holger'

H Auf der einen Seite sind Pünktchen und auf der anderen sind keine Pünktchen bei mir-

So- Inga bring dein Blatt auch mal hierher vorne hin und halt es den Kindern hoch. die anderen schauen nur hierher- und dann kommt auch der Roman noch dran, Inga, du hältst es so mit beiden Händen hier fest. nein, Roman laß es liegen, du kommst gleich dran, weil du dich gemeldet hast, die ganze Zeit, ich hatte es vergessen. Roman du wolltest vorher noch etwas sagen.

R Das ist so verschmiert.

L Aha- jetzt schauen wir uns doch mal diese beiden Arbeiten an und schauen mal, was uns auffällt (*L. und Inga stehen mit Bildern vor der Klasse*) Marie-Luise'

M-L Die hat nicht so viel Wasser genommen-

L Roman'

R Die haben beide die Form von 'nem Schmetterling

L So, jetzt mach ich mal was und jetzt macht die Inga dasselbe (*L faltet das Blatt an der Faltachse zusammen und Inga tut dasselbe*)

Ss Hmmm'

L Jetzt mach ich nochmal was (*L. faltet jetzt das Blatt nach außen, so daß man beide Hälften sehen kann und bewegt sie hin und her*) Janine'

J Da in der Mitte bei dem Blauen ist noch so was Schwarzes und bei der Inga net.

T Nee, bei der Inga ist es mehr fein

D und schöner-

L Also, das Denken klappt noch nicht so ganz gut, deswegen müssen wir noch ein kleines Stückchen weitergehen. ihr kramt jetzt mal eben in eurem Ranzen einen roten Filzstift raus. nur den roten Filzstift, laßt das Mäppchen auch drin. (*Kinder kramen nach Filzstift, Gemurmel*) wir brauchen uns nicht gegenseitig die Filzstifte zu zeigen und darüber zu reden, denn die haben wir ja auch schon vorher benutzt. (*langsam und deutlich*) Jetzt ziehen wir mit der Hand- oder mit dem Lineal- auf dem Knick in der Mitte des Blattes, auf dem Knick, einen Strich. das heißt, wir malen den

	Knick einfach rot an. +
	Schüler malen die Faltlinie rot an
L	So, Filzstifte wieder weg (*Schüler legen Filzstifte wieder weg*)
M	Frau R., ach ich weiß jetzt die Aufgabe.
Ch	Ich auch-
L	So, jetzt guckt euch die Sache nochmal an-
T	Ich weiß es-
Ch	Ich auch-
T	Ist doch ne ganz babyleichte Frage-
	Einige Schüler melden sich
L	Tobias'
T	Verdoppeln-
L	(*merkt auf*) Christoph'
Ch	Wenn mein (..) und der Inga ihrs zusammen kommt, dann ist das zusammen eine.
L	Aha- Tobias, kannst du vielleicht dein "Verdoppeln" nochmal erklären'
T	Hmm, wenn man auf der einen Seite Punkte hat, kommen sie auf der anderen Seite wieder-
L	Und wodurch kommen sie auf der anderen Seite wieder', Gero'
G	Weil, wir klappen das dann ja so zusammen und weil die Farbe ja noch naß ist, drückt das ja ab, wie beim Stempel-
L	Richtig, richtig, aha- (*erfreut und erleichtert*) Wenn wir's naß genug gemacht haben, wie der Christoph hier, dann merken wir ganz genau- der Tobias hatte sehr schön den Begriff verdoppeln genommen- daß auf dieser gemalten Seite (*zeigt auf die eine Blatthälfte*) und auf der abgedruckten Seite' (*deutet auf die andere Hälfte und wartet*)
G	das Gleiche ist-
L	Richtig-
	Schülergemurmel
I	Ach sooo-
Ch	Bei mir auch-

A Bei mir ist das aber nicht so genau ... Einen Teil der Bilder suchen wir jetzt aus, die gut gelungen sind, die können wir aufhängen. wo ich jetzt die Bilder schon abgenommen habe, die bringen ihr Wasser weg. (*geht herum und sucht die "besten" Klecksbilder aus*)

Die notwendige Differenz in den Deutungen mündet hier fast in einen Deutungs-Konflikt. Die Kinder haben achsensymmetrische Klecksbilder erzeugt und wollen diese Erzeugnisse bezüglich der gegenständlichen Darstellungen beschreiben. Sie haben Bilder von Schmetterlingen, Bergen und ähnlichem hervorgebracht. Die Lehrerin hofft dagegen wohl eher, daß die Kinder durch die Herstellung von Klecksbildern auf handlungsbezogener Ebene den Begriff der "Falt-" oder Spiegelachse" erworben haben.

Allem Anschein nach unterstellt sie, daß dieser Begriff in dieser Situation mit den Kindern zur Verfügung stehenden rationalen Mitteln gefunden bzw. "entdeckt" werden könnte. Geschieht dies nicht, dann "denken" die Kinder nicht richtig: "Also, das Denken klappt noch nicht so ganz gut, deswegen müssen wir noch ein kleines Stückchen weitergehen" (91-93) - so ihre Einschätzung an späterer Stelle in der Episode. Das "gute", denkfähige Kind müßte nach Ansicht der Lehrerin schon längst auf den gewünschten Begriff gekommen sein.

Nur die Kinder kommen nicht darauf, obwohl sie sich alle erdenkliche Mühe geben, den Anforderungen der Lehrerin zu genügen - auch dies wird in dem Transkript deutlich. Ist dies nun wirklich eine "schwache Klasse"? Oder fordert die Lehrerin zuviel? M. E. kann man beide Fragen mit "nein" beantworten. Es liegt vielmehr ein Deutungskonflikt vor, der in jeder Lehr-Lernsituation auftritt. Die Lehrerin deutet das Unterrichtsgeschehen unter einer fachlichen und didaktischen Sichtweise, während die Kinder notgedrungen dieselbe Situation in anderen, nichtfachlichen bzw. nicht-didaktischen alltäglichen Begriffen deuten.

Deutungsdifferenzen dieser Art sind m. E. ein typisches Merkmal jeden Mathematikunterrichts. Im Sachrechnen deutet beispielsweise der Lehrer die Aufgabe in mathematischer Begrifflichkeit oder als Aufforderung zu einer mathematischen Modellierung. Die Kinder dagegen wenden zunächst ihr sachbezogenes Alltagswissen an und sehen gar keinen

Grund, eine Mathematisierung vorzunehmen. In der Arithmetik sieht der Lehrer allgemeingültige mathematische Gesetzmäßigkeiten, die einem Lösungsweg zugrunde liegen. Die Schüler hingegen operieren in ihrem Verständnis auf einer lokal bewährten, bereichsspezifischen Wissensbasis.

Die mathematische Logik ist somit nicht gemeinsame Grundlage der unterrichtlichen Kooperation. Vielmehr basiert die Zusammenarbeit auf einer anderen Grundlage und die Entstehung mathematischer Rationalität ist ein mögliches Resultat.

Wie ist aber nun ein Unterricht möglich, wenn Verständigung auf derart unsicherem Fuße basiert? Zum einen wird es nötig sein, Absprachen über Handlungsfolgen zu treffen. Ein Unterricht ohne eine feste Interaktionsstruktur wird wohl kaum leistungsfähig sein. Dieser Gesichtspunkt soll zunächst unter dem Begriff des "Formats" besprochen werden (3.2.2.1.). Zum anderen wird man aber auch bestimmte Anforderungen daran stellen, wie auf inhaltlicher Ebene die unterschiedlichen Deutungsweisen aufeinander abgestimmt bzw. abgeglichen werden. Hierzu soll im Anschluß unter dem Begriff der "Argumentation" Stellung genommen werden (3.2.2.2.).

EXKURS VII - GEOMETRIE

In der letzten Episode ist ein geometrischer Unterrichtsinhalt thematisiert worden: die Achsensymmetrie. Neben der Arithmetik und dem Sachrechnen handelt es sich mit der Geometrie um den dritten größeren Themenbereich des mathematischen Anfangsunterrichts. Häufig wird die Geometrie im Vergleich zu den beiden anderen Bereichen als weniger wichtig angesehen und fällt dann bei der häufig von Lehrern beklagten Stoffülle als erstes der Streichung zum Opfer. Auch in der dargestellten Episode scheint für die Zweitklässler die Behandlung geometrischer Fragestellungen in ihrem Mathematikunterricht ungewohnt zu sein.

Von didaktischer Seite wird freilich in der letzten Zeit deutlicher die Unverzichtbarkeit geometrischer Inhalte für den mathematischen Grundschulunterricht betont (s. z. B. RADATZ & RICKMEYER 1991). Dies gilt auch für den Anfangsunterricht. Neben den vielen curricularen Argumenten, die für die Geometrie im Grundschulunterricht sprechen und die hier nicht detailliert dargelegt werden sollen (s. ebenda), sei hier vor allem ein Gesichtspunkte besonders erwähnt:

Der frühe Arithmetikunterricht verwendet eine Vielzahl von Veranschaulichungen, die geometrischer Natur sind. Es scheint nicht angebracht zu sein, einfach zu unterstellen, daß die Kinder im Anfangsunterricht durchgängig über die adäquaten geometrischen Vorkenntnisse verfügen. Hierzu sind die subjektiven Erfahrungsbereiche der Kinder zu unterschiedlich. Also gerade die Behandlung der Arithmetik benötigt in den frühen Grundschuljahren eine solide Ausbildung in der Geometrie.

Der geometrische Stoffplan ist weniger strikt aufgebaut als der zu den vier Grundrechenarten. Dies erlaubt zum einen eine flexiblere Unterrichtsplanung und eine freiere Wahl der Unterrichtsthemen. Zum anderen erschwert dies eine curriculare Festschreibung der Inhalte zu den jeweiligen Unterrichtsjahrgängen. In RADATZ & RICKMEYER (1991) wird ein Vorschlag eines Stoffverteilungsplanes unterbreitet, der hier als beispielhaft für die ersten beiden Schuljahre wiedergegeben wird:

"(1) *Geometrie in unserer Umwelt*
- Räumliche Beziehungen in der Umwelt erkennen, beschreiben, nutzen ...
- Raumerfahrungen und Raumvorstellungen durch Begehung und Orientierung im Raum sammeln, vertiefen ...
- Formqualitäten erkennen und unterscheiden ... (dick-dünn, rund-eckig)
- Lagebeziehungen erfahren, einsehen, benennen ... (links-rechts, vor-hinter, oben-unten)

(2) *Ebene Figuren*
- Figuren legen, auslegen, nachlegen, beschreiben, benennen ...
- Muster und Parkette legen, auslegen, zeichnen ...
- Auslegen von Flächen, Vorstellungen vom Flächeninhalt entwickeln, Flächen bezüglich ihrer Größe qualitativ miteinander vergleichen ...
- Vorerfahrungen zur Symmetrie sammeln, achsensymmetrische Figuren herstellen, erkennen, legen, falten, schneiden ...

(3) *Köperformen*
- geometrische Körper unterscheiden, beschreiben, benennen, bauen ...
- kugel-, würfel- und quaderförmige Gegenstände näher untersuchen
- Bauen mit Würfeln und Quadern, Anzahlbestimmung bei Würfelkörpern, einfache Kippbewegungen mit Würfeln/Quadern durchführen ...

(4) *Sonstiges*
- Förderung der visuellen Wahrnehmungsfähigkeit und Raumanschauung
- Untersuchungen an einfachen Netzen und Irrgärten
- Strecken schätzen, messen und zeichnen" (S. 165f).

3.2.2.1. LERNEN DURCH PARTIZIPATION - DER "FORMAT"-BEGRIFF

Der Ansatz in diesem Kapitel besteht darin, das frühe mathematische Lernen in der Grundschule mit Lernprozessen aus der vorschulischen Zeit zu vergleichen, die nicht der fragend-entwickelnden Unterweisungsfigur folgen. Ausgewählt wird hier das Erlernen der Muttersprache. BRUNER (1987) hat sich in seinen späteren Arbeiten ausführlich mit dem Spracherwerb beim Kinde beschäftigt. Die folgenden Ausführungen halten sich an seine Arbeit.

Der Erwerb der Muttersprache ist unauflösbar verknüpft mit dem Lernen seiner Verwendungssituationen: Ein Kind lernt z. B. nicht nur die sprachlichen Formulierungen, wie man um einen Keks bittet. Es lernt zugleich auch dabei die Sozialform des Bittens, z. B. daß auch die Möglichkeit des Abschlagens der Bitte mitenthalten ist (vgl. ebenda S. 76ff.). Diese Einsicht führt BRUNER (1987)zu der Aussage:

> "Was den Lernprozeß in Gang hält, ist nicht die Dynamik des Spracherwerbs selber, sondern die Notwendigkeit, mit den Anforderungen der Kultur fertig zu werden" (S. 88).

In seinen Untersuchungen beschreibt er eingehend, wie von der Mutter initiiert und vom Kind freudig aufgegriffen bestimmte Interaktionsformen hervorgebracht werden, in denen das Kind durch *Partizipation an sozialen Prozessen des Miteinander-Sprechens* Sprache erwirbt bzw. Sprechen lernt. BRUNER nennt diese Interaktionsform "Format" und definiert:

> Ein Format ist ein "eingespieltes, standardisiertes Ablaufmuster von Handlungen und Redeaktivitäten zwischen Kind und Erwachsenem. Häufig handelt es sich hierbei um kleine Spiele, in welchem die Rollenzuteilung an Kind und Erwachsenen im Laufe der Entwicklung variabel wird" (S. 131).

Ein Beispiel für ein Format aus BRUNERs Untersuchungen ist das Format des "Versteck-Spiels", bei dem zwischen Mutter und Kind ein Gegenstand, wie z. B. eine Puppe, hinter dem Rücken versteckt, dann die Frage nach der verschwundenen Puppe gestellt und nach einer kurzen Suchphase zur größten Freude von Mutter und Kind die Puppe wieder hervorgeholt wird. Ein solches Spiel wird anfänglich unter Leitung der Mutter als ein Format bis in die Feinabstimmung der Interaktionsbeiträge stabilisiert. Hierin werden Möglichkeiten für Verbalisierungsversuche des Kindes verortet. Hierin werden auch bei zunehmendem Funktionsschliff anfängliche Rollenzuschreibungen variiert. Z. B. versteckt das Kind anstelle der Mutter nach einiger Zeit die Puppe und läßt die Mutter suchen. BRUNER hat sogar beobachtet, daß in einem späten Entwicklungsstadium ein Kind dieses formatierte Spiel völlig allein ausgeführt hat, also alle "Parts" in diesem Format selbst spielt. Ein weiteres Beispiel ist das gemeinsame "Bilderbuchangucken".

Dieser Gesichtspunkt der *zunehmenden Autonomie* des Kindes in der Kooperation mit Erwachsenen innerhalb eines formatierten Interaktionsprozesses ist der entscheidende lerntheoretische Aspekt dieses Konzeptes. Das Kind wird in die Partizipation an einem Format eingeführt und in Richtung auf die Übernahme weiterer Partizipationsanteile bestärkt. Das Erlernen der Sprache fällt dabei gleichsam unter der Hand ab. Man kann hier von einem "indirekten Lernen" (BAUERSFELD 1993, S. 13) sprechen.

Eine Unterichtsszene mag die Entstehung eines solchen Formats illustrieren, wobei freilich zum Schluß die Lehrerin dieses Format aufkündigt und wieder in eine fragend-entwickelnde Interaktionsfigur überleitet: Es handelt sich um eine Gruppenarbeitsphase in den ersten Wochen eines ersten Schuljahrs. Die Kinder haben in Partnerarbeit gemäß besprochener Regeln "Zahlensätze" zu erfinden und mit Plättchen zu legen. Vor den Kindern liegt ein in der Mitte mit einem Strich geteiltes Blatt Papier. Zudem haben sie einen Kasten mit 100 Wendeplättchen. Ziel ihrer Arbeit ist auf der rechten Hälfte einen Zahlensatz aufzustellen und auf der linken Hälfte eine Reihe von Plättchen zu legen, in der die zwei Farben der Wende-Plättchen die Summanden des Zahlensatzes wiedergeben, z. B.:

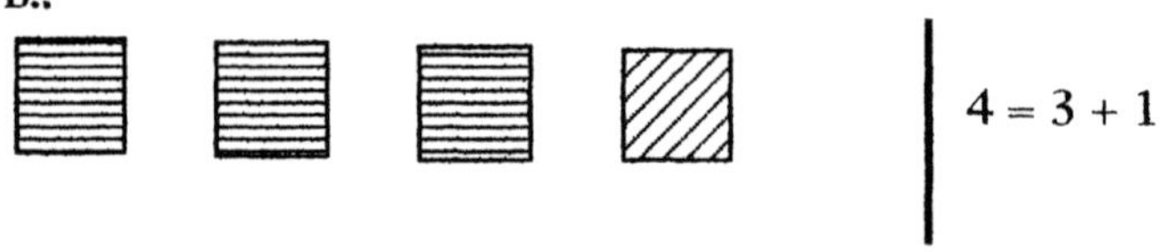

Derartige Kompositionen von figuraler Darstellung und arithmetischer Notation sollen von den Schülern in einem Spiel gemeinsam hergestellt werden. Schüler A schreibt auf die rechte Seite eine Zahl, die additiv zerlegt werden soll. Schüler B nimmt aus den Kästchen entsprechend viele Plättchen. A vervollständigt die rechte Seite zu einem additiven Zahlensatz. B versucht mit den herausgenommenen Plättchen die Summanden zu legen. Der erste Summand wird rot, der zweite gelb.

Die folgende Episode entstammt aus der entsprechenden Partnerarbeit. Die Lehrerin geht von Tisch zu Tisch und kommt auf diese Weise auch zu den beiden Kindern Ella und Anita. Sie haben bereits eine Aufgabe bearbeitet und folgendes Gespräch schließt sich an:

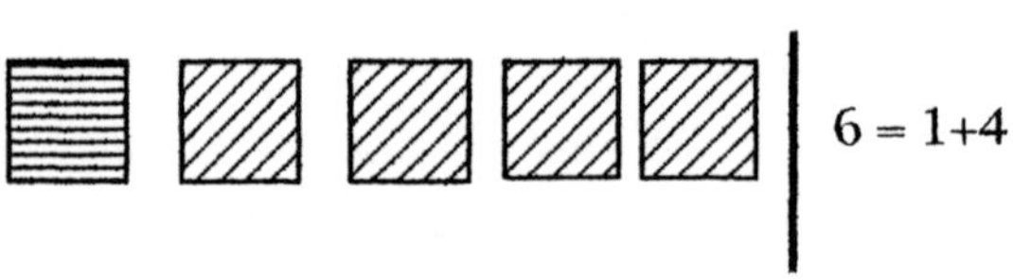

L So. ein roter und vier gelbe. das. (.) wo ist denn der sechste geblieben. (.)
Anita hier (*gibt L noch ein Plättchen*)

4 L dann muß der hier vorne noch mit hin.

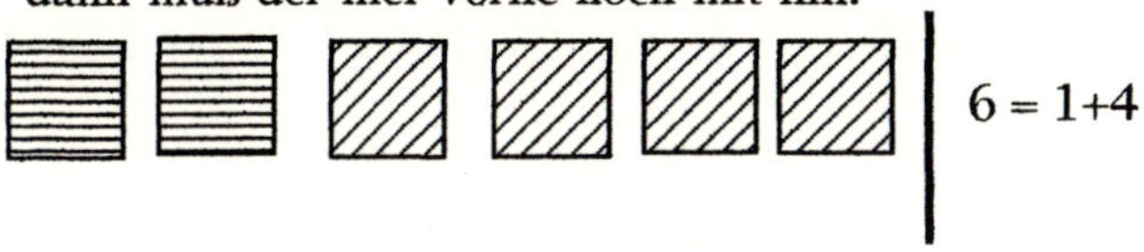

5 und dann müßt ihr in eurem Zahlensatz den, (Fehler finden?)
6 Ella (.)
7 L eins plus vier´, ist das richtig´
8 Anita wir haben doch keine zwei gemacht
9 (*zeigt auf die roten Plättchen*)
10 L ja eben. und was müßt ihr dann ändern´
11 Anita dann müssen wir die vier (*zeigt auf gelbe Pl.*) dalassen und einen
12 wegnehmen (*schiebt ein rotes Pl. weg und dreht es dabei um, so daß*
13 *nun die gelbe Seite - schräge Schraffur - nach oben liegt.*)

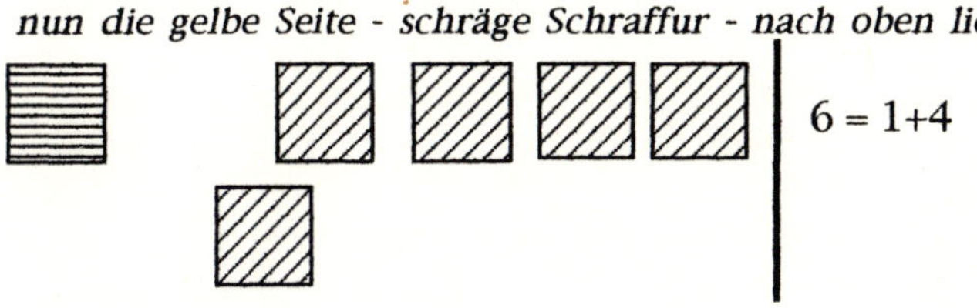

14 L dann stimmt aber die sechs nicht (*zeigt auf "6" im Zahlensatz*) und
15 dann sind es keine sechs Steine (*Ella schiebt das Plättchen wieder*
16 *an seinen alten Platz - aber nun mit gelber Seite obenauf.*)

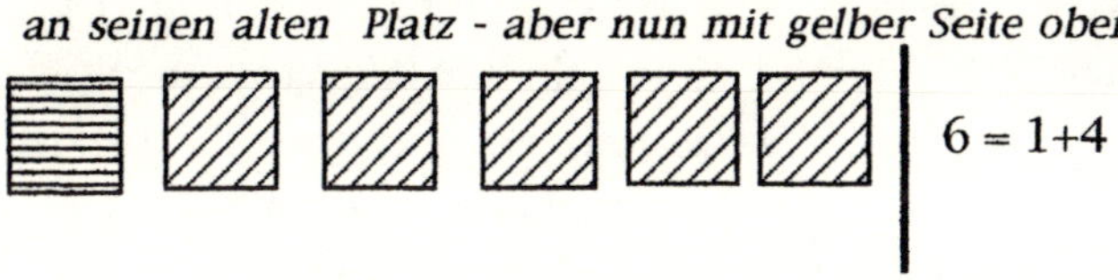

17 vielleicht könnt ihr auch n Radiergummi nehmen (*Anita radiert*
18 *den Zahlensatz fast vollständig aus*)

wenig später:

50 L ihr habt gesagt, sechs Steinchen. die habt ihr auch gelegt. die
51 sechs. die vier gelben liegen schon da. und bei den roten (*dreht*
52 *das zweite Plättchen von links um, so daß es wieder rot ist.*)

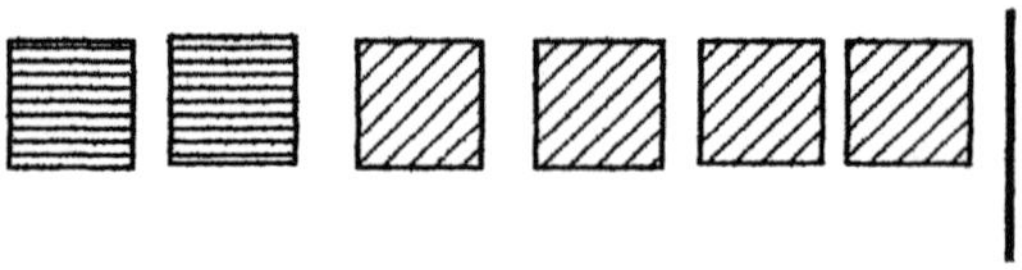

6=1+4

L habt ihr gesagt (..) liegen <u>zwei</u>. jetzt müssen wir das Zahlensätzchen ändern. sechs, sechs, gleich´
Anita eins´
L stimmt das denn´
Anita sechs. eins´ <u>eins</u>
L gleich zwei rote´ und vier gelbe. also, müßt ihr die Eins (*wird von anderen Schülern unterbrochen*)
Anita (*zu Ella*) was müssen wir jetzt machen
Ella (.) hier eine zwei machen (*gewinnt die Aufmerksamkeit von L wieder*) eine zwei machen
L weil
Anita zwei rote sind
L richtig so.

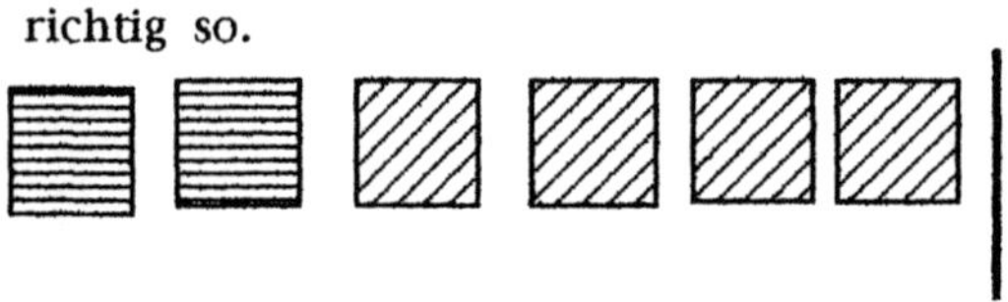

6 = 2+4

Man wird sicherlich verschiedene und auch kontroverse Meinungen dazu entwickeln, welche Ziele mit der Aktivität in der vorgestellten Episode verfolgt werden. Von den angenommenen Zielsetzungen wird es abhängen, ob man von einer erfolgreichen oder mißlungenen Partnerarbeit sprechen möchte. Zudem wird man festhalten müssen, daß sich aus der Ausgangslage "ein rotes, vier gelbe Plättchen und dem Zahlensatz 6=1+4" auch andere mathematisch haltbare Korrekturen hätten vornehmen lassen, als die Änderung des ersten Summanden in eine zwei und das Hinzulegen eines zweiten roten Plättchens. Dies ist in gewisser Weise eine der komplexeren Korrekturen, da auf beiden Seiten etwas geändert werden muß. Man hätte z. B. auch nur die 6 in eine 5 verwandeln müssen, und schon wäre alles richtig gewesen. Ebenso hätte man auch den zweiten Summanden 4 auf 5 erhöhen können. Das entsprechende Plättchenbild ist von Ella nach Zeile 16 gelegt worden.

Die Lehrerin weist aber von Anfang an darauf hin, daß ein Plättchen fehle (1/2). Hierdurch werden die Vereinbarungen zu diesem Spiel noch einmal verdeutlicht: 1. Regel: Schüler A schreibt eine Zahl hin; 2. Regel: Schüler B sucht entsprechend viele Plättchen heraus, usw. Aus den weiteren Regeln ergibt sich, daß diese erste Zahl später die Summe und nicht einen der Summanden darstellt. Möglicherweise moniert deswegen die Lehrerin das fehlende Plättchen.

Die Handlungen in den Zeilen 4 bis 13 werden hier so interpretiert, daß die Lehrerin und Anita gemäß der Spielregeln die Aufgabe neu durchspielen möchten. Sie prüfen gleichsam nach, ob das Ergebnis auf dem Papier bei Einhaltung der Spielregeln möglich ist. Die Interaktion gemäß einem Format steht auf dem Prüfstand.

In 14-16 expliziert nun die Lehrerin ihre Überlegungen zu den von ihr vorgeschlagenen Änderungen. Die 6 im Zahlensatz muß durch insgesamt sechs Plättchen repräsentiert sein. Ella lenkt ein und schiebt das umgedrehte, nunmehr gelbe Plättchen an den alten Platz zurück (15/16). In der Folge scheint es der Lehrerin nur noch darum zu gehen, eine arithmetisch korrekte Aussage auf der rechten Seite zu erhalten.

Diese Phase läuft nicht gemäß dem in den Spielregeln repräsentierten Format ab. Die Lehrerin scheint, durch welche Gründe auch immer, sich zunehmend stärker ein richtiges Ergebnis auf dem Blatt zu wünschen ohne den Kindern eine erneute Möglichkeit einer gemeinsamen formatierten Lösungssuche anzubieten. Es bleibt zu bezweifeln, ob diese Intervention einen positiven Effekt auf das Lernen von Ella und Anita hatte. Hier scheint wieder der Hervorbringung einer richtigen Antwort gemäß dem Interaktionsmuster aus dem fragend-entwickelnden Unterricht der Vorzug gegeben worden zu sein.

Den Schülern wird hierdurch die Chance einer eigenständigen Lösung genommen. Im fragend-entwickelnden Unterricht bleibt die Rolle des Fragenden und Evaluierenden immer an den Lehrer gebunden. Die damit verbundene Rollenstarrkeit fördert auf der inhaltlichen Ebene gerade die Ausprägung der mechanisch starr ausführbaren Wissenselemente. Es wird der Präsentation der richtigen Antwort der Vorzug vor der Aushandlung möglicher Denkweisen gegeben.

3.2.2.2. LERNEN DURCH PARTIZIPATION - DER "ARGUMENTATIONS"-BEGRIFF

Die BRUNERsche Einsicht kann man überspitzt formulieren als ein "hin zur Reflexion der Interaktionsformen" im Unterricht und ein "weg von inhaltlich orientierten Didaktifizierungen des Unterrichtsstoffes". Bei Beherzigung dieser Einsicht fällt der Blickes auf einen Interaktionstyp, der dem Anspruch einer auf Rationalität basierenden Unterrichtskultur in besonderer Weise Rechnung trägt. Dieser von Max MILLER (1986) pronociert ausgearbeitete Ansatz sein hier mit einem Originalzitat erläutert:

> "Nur von solchen sozialen bzw. kommunikativen Handlungen, deren primäres Handlungsziel und deren Funktionsweise genau darin besteht, kollektive Lösungen für interindividuelle Koordinationsprobleme zu entwickeln, kann (wenn überhaupt) sinnvollerweise angenommen werden, daß durch sie grundlegende Lernprozesse ausgelöst werden. Nur *ein* sozialer bzw. kommunikativer Handlungstyp scheint diese Bedingung zu erfüllen, und dies ist der *kollektive Diskurs* oder, um einen etwas genaueren Terminus zu verwenden, die *kollektive Argumentation*" (S. 23).

Lehr-Lernprozesse strukturieren sich hiernach durch Partizipation in kollektiver Argumentation.

Ein Beispiel mag hier wieder illustrieren, was unter kollektiver Argumentation im Zusammenhang mit der mathematischen Ausbildung im Anfangsunterricht gemeint sein könnte:

Die Schüler Josh und Joey einer zweiten Klasse aus den USA bearbeiten zusammen die Aufgabe

32+18= __.

Zuvor haben sie bereits die Aufgaben

31+29=60 und

31+19=50

gelöst. Zur anstehenden Aufgabe entspinnt sich in der Partnerarbeit folgender Dialog:

1 Josh	Uh, Uh, that's 18 not 19.	Oh, oh, das sind 18 nicht 19
2 Joey	Yeah, but that's 32 not 31.	Genau, aber das sind 32 nicht
3		31
4 Josh	Oh yeah-	Oh genau-
5 Joey	They're the same thing-	Das ist dasselbe-
6 Teacher	What's the same thing'	Was ist dasselbe'

Joey	These two (zeigt auf "31+19=50" und "32+18=").	Die zwei da (zeigt auf "31+19=50" und "32+18=").
Josh	makes 50-	kommt 50 raus-
Joey	Yeah and look 32 and 18. See, it's just one more than that (zeigt 31+19=50), and that's (zeigt auf 19) is one higher than that (zeigt auf 18).	Genau und guck 32 und 18, siehst es, ist genau einer mehr und das (zeigt 31+19=50), und das ist (zeigt auf 19) eins höher als das da (zeigt auf 18).

Der Abschnitt kann hier relativ kurz analysiert werden. An ihm kann man leicht erkennen, daß die beiden Schülern sowohl eine Aufgabe lösen als auch eine sie überzeugende Begründung hervorbringen. In der deutschen Didaktik nennt man dieses Argument das "gegensinnige Verändern" bei der Addition. In der üblichen Darstellung erschiene das Argument von Josh und Joey in der folgenden Gestalt:

```
Es gilt:     31      +     19    = 50
=>         (31 + 1) + (19 - 1)  = 50
d. h.        32      +     18    = 50
```

Es erscheint hier weder so, noch könnte man aus der Kenntnis der Schüler aus den vorhergehenden Stunden etwa schließen, daß Josh und Joey über das Argument des gegensinnigen Veränderns souverän verfügten und es hier nur anwendeten. Vielmehr herrscht hier der Eindruck vor, daß die beiden Schüler hier diese Art der Begründung selbst entwickeln und zugleich davon überzeugt sind, daß sie richtig ist.

Wie haben es hier aus theoretischer Sicht mit einer paradigmatischen Episode für den Begriff der "kollektiven Argumentation" zu tun. Hier argumentiert nicht Person A, um andere Personen von ihrer Meinung zu überzeugen. Vielmehr entwickeln zwei Personen zusammen ein Argument, das sie beide eine Lösung finden und zu der Überzeugung gelangen läßt, daß ihre Lösung richtig ist. Das Verständnis von der interaktiven Funktion des Argumentierens differenziert sich somit aus: In einem kollektiven Argumentationsprozeß wird versucht, ein Argument zu entwickeln, das von den Beteiligten als überzeugend angesehen wird.

Dieser Gedanke läßt sich im Hinblick auf die Konzeptionalisierung unterrichtlicher Alternativen noch ein Stück weiter entwickeln: Durch geeignete Formate wird dem Kind die Partizipation an einer kollektiven

Argumentation ermöglicht, in der es zunehmend autonome Begründungen und Erklärungen in einem Lernbereich generieren kann. Hierbei entwickelt das Kind auch inhaltliche Vorstellungen, die in stetem argumentativen Austausch sich bewähren müssen und somit einer Weiterentwicklung, Ausdifferenzierung oder Verwerfung unterliegen. Mathematikunterricht läßt sich gleichsam durch "Argumentations-Formate" (s. KRUMMHEUER 1992) strukturieren. Hierdurch können die Kinder an einer argumentativ ausgerichteten Kultur des Mathematisierens partizipieren und dabei zunehmend an mathematischer Kompetenz gewinnen.

Während ein fragend-entwickelnder Unterricht seine Rationalität aus der Logik der Sache legitimiert und deswegen unterstellt, daß ein Kind auf eine "initiation" prinzipiell aus sachlogischer Sicht antworten müssen könnte, basiert ein Unterricht nach dem Format des kollektiven Argumentierens auf der *unterstellten Möglichkeit der Herstellung von Rationalität in der Verständigung*. Unterricht erscheint hier als die Entstehung einer *Argumentations-Kultur*, in der Kinder in *vereinbarten Interaktionsformen* ihre Vorstellungen und Begriffe zu einer Sache entwickeln und präsentieren und hierbei mit zunehmender Autonomie zu Kennern der Sache heranwachsen.

Die zunehmend deutlicher werdende Kooperationsunerfahrenheit unserer Grundschulkinder kann durch Unterricht abgebaut werden. Zudem werden Wissensdivergenzen bei Kindern nicht selektiv, sondern sozial-konstruktiv verarbeitet. Dieser Ansatz nimmt also Stellung zu den virulenten Problemen der heutigen Grundschule, die häufig durch den Slogan "veränderte Kindheit - veränderte Grundschule" charakterisiert wird (s. oben Kap. 1).

EXKURS VIII - RECHENGESETZE

Bei dem Rechnen mit zweistelligen und ab 3. Schuljahr auch dreistelliger Zahlen wird es zunehmend bedeutsamer, mit Hilfe von "Rechengesetzen" die Aufgabe in leichter zu bewältigende (Teil-) Aufgaben zu zerlegen. Methodisch begreift man dies oft als eine Phase, die zwischen dem mündlichen Rechen mit einstelligen Zahlen (zumeist im 1. Schuljahr) und dem schriftlichen Rechen (ab 3. Schuljahr) liegt. Man nennt sie "halbschriftliches" Rechnen. Von didaktischer Seite wird für diese Phase immer wieder betont, daß hier die Schüler (noch) nicht auf ein bestimmtes Rechenverfahren festgelegt werden sollen, wie dies z. B. bei den schriftlichen Verfahren dann unumgänglich wird. Vielmehr sollen hier die verschiedenartigen Berechnungsmöglichkeiten thematisiert werden. Die Schüler sollen zu einer möglichst flexiblen Verwendung dieser Rechenwege bewegt werden (s.

LORENZ & RADATZ 1993; PADBERG 1992; WITTMANN & MÜLLER 1990). Wiewohl dies bedeutet, daß die Schüler mit möglichst unterschiedlichen Strategien arbeiten können, läßt sich eine Kategorisierung vornehmen. In Anlehnung an WITTANN & MÜLLER 1990 ist dies für die **Addition** (S. 84):

"Zehner extra, Einer extra":	"Schrittweise":		"Aufgabe vereinfachen":	
38 + 45 =...	38 + 45 =...	(Weitere	38 + 45 =...	(Dieses wird
30 + 40 = 70	38 + 40 = 78	Varianten	40 + 43 = 83	häufig auch
8 + 5 = 13	78 + 5 = 83	möglich)	"gegensinniges Verändern bei	
70 + 13 = 83			Addition" genannt)	

Für die **Subtraktion** ergeben sich vier Methoden:

"Zehner extra, Einer extra":		"Schrittweise":	
96 - 57 =...		96 - 57 =...	(Weitere
90 - 50 = 40		96 - 50 = 46	Varianten
46 - 7 = 39		46 - 7 = 39	möglich)
"Aufgabe vereinfachen":		"Ergänzen"	
96 - 57 =...	(Hier spricht man auch	96 - 57 =...	(Dies ist die Methode,
99 - 60 = 39	vom "gleichsinnigen	57 + 3 = 60	die bei der schriftlichen
Verändern bei Subtraktion")		60 + 36 = 96	Subtraktion verwen-
		57 + 39 = 96	det wird)

Halbschriftliche Rechenwege gibt es auch für die **Multiplikation** und Division. So läßt sich die Aufgabe 9 S 28 z. B. auf folgende Weisen lösen (s. PADBERG 1992, S. 132f.):

9 * 28 =....	9 * 28 =....	9 * 28 =....
9 * 20 = 180	9 * 30 = 270	10 * 28 = 280
9 * 8 = 72	9 * 2 = 18	1 * 28 = 28
9 * 28 = 252	9 * 28 = 252	9 * 28 = 252

Bei WITTMANN & MÜLLER (1990) wird noch eine andere halbschriftliche Darstellungsform empfohlen, das sogenannte "Malkreuz" (S. 130 f). Es wird in leicht abgeänderter Form wiedergegeben: Es handelt sich hier wieder um die Aufgabe 9 * 28. Sie wird zerlegt in (10 -1) * (20 + 8). Viele denkbare Zerlegungen lassen sich in diesem Malkreuz darstellen.

*	20	8	28
10	200	80	280
1	20	8	28
9	180	72	252

Auch bei der **Division** wird empfohlen, zunächst möglichst vielfältige Berechnungswege mit den Kindern zu behandeln; z. B. ergibt sich für die Aufgabe 84:4=...:

84 : 4 =...	84 : 4 =...	84 : 4 =...
80 : 4 = 20	40 : 4 = 10	40 : 4 = 10
4 : 4 = 1	44 : 4 = 11	40 : 4 = 10
84 : 4 = 21	84 : 4 = 21	4 : 4 = 1
		84 : 4 = 21

4. DER LEHRER UND SEINE HANDLUNGSSPIELRÄUME

Während in ersten Kapitel der Schüler und sein Denken im Vordergrund standen, soll in diesem Kapitel auf den Lehrer und sein berufsspezifisches Wissen eingegangen werden. Es geht hier um ein Gebiet, das häufig als "Lehrerkognition" beschrieben wird. Gegenstand ist hierbei das Denken der Lehrer über Aspekte ihrer eigenen Unterrichtspraxis. Typische Untersuchungsfragen sind (s. z. B. BROMME 1992; TIETZE 1991):

Wie nehmen Lehrer
- ihren eigenen Unterricht und
- das Lernen ihrer Schüler wahr?

Ferner, wie denken Lehrer über
- das Unterrichtsfach Mathematik und
- die Rahmenbedingungen von Schule?

Im folgenden wird im ersten Unterkapitel auf die ersten beiden Punkte eingegangen (4.1.). Auf der Basis dieser kognitiven Analysen soll sodann über die Möglichkeiten von Unterrichtsplanung gesprochen werden (4.2.).

4.1. LEHRERWAHGRNEHMUNGEN VOM UNTERRICHT

Wie nehmen Lehrer Unterricht wahr? Man mag auf den ersten Blick die Frage befremdlich finden. Möchte man doch antworten: So wie er ist. Die folgenden zwei Gesichtspunkte zeigen freilich schnell, daß dies keine triviale, sondern eine ernste Forschungsfrage ist, zu der es empirische Untersuchungen und theoretische Modellierungsbemühungen gibt:

(a) Ein Lehrer ist im Unterricht zumeist als einflußreicher Mitgestalter tätig. Er ist nicht außenstehender Beobachter, der aus Distanz und mit im vorhinein entscheidbarer Genauigkeit den Unterrichtsprozeß protokollieren und interpretieren kann.

(b) Die konstruktivistische Sichtweise menschlichen Denkens, wie sie oben im Kapitel über das Denken des Kindes dargelegt wurde, muß natürlich auf die Kognition des Lehrers angewendet werden. Der Lehrer schreibt dem Unterricht Sinn zu gemäß des ihm zuhandenen Deutungsrepertoirs.

Beide Punkte sollen ein wenig ausgeführt werden:

(ad a) Der Lehrer ist zum einen Planer, Initiator und Lenker des Unterrichts. Zum anderen ist er aber auch nur mitwirkendes Teil dieses Systems "Unterricht", das durchaus seine Eigendynamik hat und nicht unbedingt auf sein "Wort" reagiert. Beide Aspekte, Lenker wie Teil, beeinflussen bzw. beschränken seine Möglichkeiten der Wahrnehmung von Unterricht. Als Teil des Systems ist er zum einen mit semi-offizieller bzw. nicht-offizieller Kommunikation unter Schüler konfrontiert (s. z. B. HEINZE, 1980; KRUMMHEUER, 1983), die sich gerade dadurch auszeichnet, daß er als Initiator der offiziellen Unterrichtskommunikation in der Regel keinen Zugang zu ihr hat. Alles das, was man gemeinhin als "Schwatzen", "Stören", "Nicht-Aufpassen" usw. bezeichnet, sind, nüchtern betrachtet, Merkmale von jener semi-offiziellen bzw. nicht-offiziellen Unterrichtskommunikation. Der Punkt ist, daß diese Prozesse dem Lehrer in seiner Wahrnehmung nur bedingt zugänglich sind. Der Lehrer kann nicht alles im Unterricht wahrnehmen, weil nicht alles in der Unterrichtskommunikation für ihn bestimmt ist.

Neben diesem Aspekt der *Nebenkommunikation* kommt noch hinzu, daß in offeneren Unterrichtskonzeptionen den Schülern ein gewisser Raum von Eigenaktivität zugestanden wird, der gar nicht unter der Kontrolle des Lehrers stattfinden soll, z. B. bei Gruppenarbeit oder Unterrichtsprojekten (s. hierzu z. B. MEYER 1987). Dies bedeutet aber, daß der Lehrer nicht im Detail wissen kann, was in diesen Phasen passiert. Seine Wahrnehmungsmöglichkeiten sind somit wieder systembedingt eingeschränkt.

(ad b) Die menschliche Kognition ist konstruktiver Natur und bereichsspezifisch strukturiert. Dieser Grundsatz wurde schon im Kapitel über das kindliche mathematische Denken deutlich herausgestellt. Er gilt genauso für den Lehrer. Auch er konstruiert sich seine Wirklichkeit von Unterricht, und er greift hierbei auf spezifische Unterrichtserfahrungen als Lehrer wie auch als ehemaliger Schüler zurück. Insbesondere scheinen sich bei erfolgreichen Lehrern gewisse typische Sichtweisen herauszubilden, die sich empirisch erfassen lassen. Hiervon soll in den nächsten zwei Abschnitten die Rede sein. Zuerst wird dargestellt, wie derartige "Experten" des Lehrberufs Unterrichtsprozesse deuten und einschätzen (4.1.1.). Sodann wird darauf eingegangen, wie Lehrer den fachbezogenen Kenntnisstand der Schüler und ihren Lernzuwachs wahrnehmen und beschreiben (4.1.2.).

4.1.1. DAS UNTERRICHTSGESCHEHEN AUS DER SICHT DES LEHRERS

Was sehen Lehrer, wenn sie auf ihren Unterricht schauen? Wie beurteilen sie Unterricht? Dies sind u.a Fragen, auf die hier eingegangen werden soll. Insbesondere im Rahmen der sogenannten "Experten-Forschung" sind hierzu neuerlich Untersuchungen vorgenommen worden. Unter diesem Ansatz versucht man herausfinden, wie das *professionelle Wissen* von Fachleuten einer Berufsgruppe aussieht. Hierunter meint man in der Regel das Wissen, das man bei einem praktizierenden Vertreter eines Berufes als relevant für sein Handeln in einer konkreten Situation unterstellen kann.

Hierzu sind empirische Untersuchungen durchgeführt worden. Häufig teilt man dabei die Lehrer in verschiedene Gruppen ein, je nach eingeschätzter beruflicher Erfahrung. So ist z. B. eine typische Unterscheidung die der Einteilung der Lehrer in Anfänger und Experten. Als Anfänger zählen dann etwa Lehrer mit nicht mehr als einen Jahr Berufserfahrung. Experten verfügen dagegen über eine langjährige Berufserfahrung. In den verschiedenen Studien treten freilich auch Unterschiede bei der Operationalisierung des Begriffs "Experten-Lehrer" auf. In einigen Studien sind dies Lehrer mit fünf und mehr Jahren Berufserfahrung, die zugleich Klassen unterrichten, die sich durch besonders gute Lernleistungen auszeichnen (s. BROMME 1992, S. 7f.). In einer Studie von BERLINER und Mitarbeitern ist dagegen der Experten-Lehrer durch Befragung von Schulleitern nach ihren herausragenden Lehrern bestimmt worden (BERLINER 1987; BERLINER et al. 1988; BROMME 1992, S. 52f.).

Auch das empirische Vorgehen ist nicht einheitlich. Ein weit verbreitetes Vorgehen stellt die Lehrerbefragung zu bestimmten Unterrichtssituationen dar. Die Äußerungen der Lehrer gelten dann als Indikatoren für ihr professionelles Wissen. Ein anderes Vorgehen besteht aus der direkten Unterrichtsbeobachtung oder der Videoaufzeichnung solcher Prozesse und der Befragung der Lehrer hierzu.

Der Experten-Ansatz ist bei anderen Berufsgruppen entwickelt worden, so z. B. bei Ärzten, Physikern und - obwohl nicht direkt ein Beruf, so doch erwähnenswert - bei Schachspielern. Diese drei Beispiele weisen darauf hin, daß es sich hier um einen psychologischen Forschungsansatz handelt, der zunächst nicht mit didaktischen Fragestellungen verknüpft wurde. Bei der Untersuchung von Ärzten und Schachspielern ging es u. a. auch darum, deren Wissen zu modellieren, so daß man es auf einem Computer simulieren kann. Man wollte gleichsam künstlich Diagnosen an kranken Menschen stellen können, bzw. mit dem Computer gegen einen guten Schachspieler gewinnen. Derartige Studien werden gewöhnlich unter den Ansatz der "künstlichen Intelligenz" eingeordnet.

Die Ergebnisse der Expertenforschung, die im folgenden dargestellt werden, beziehen sich auf das Lehrerwissen zu dem Unterrichten vor einer ganzen Klasse. Als ein typisches Vorgehen seien die schon erwähnten Arbeiten von BERLINER und Mitarbeiten dargestellt. Sie erinnern in ihrem Ansatz noch deutlich an Befragungen von Schachspielern und Ärzten usw.(s. BROMME 1992, S. 52 f.). Im folgenden Abschnitt über die Wahrnehmung von Schülern durch Lehrer wird auf den Ansatz der künstlichen Intelligenz noch einmal eingegangen.

In der Studie von BERLINER und Mitarbeitern wurden Dias von Unterrichtsstunden angefertigt, z. B. von einer Gruppenarbeit. Diese Dias wurden den ausgewählten Anfänger-Lehrern und Experten-Lehrern jeweils für eine Sekunde gezeigt. Sodann wurden diese Lehrer aufgefordert zu beschreiben, was sie gesehen hatten. In einer anderen Studie wurde die Zeit der Diavorführung erweitert, z. B. auf drei Sekunden und mit Wiederholungen. In einer weiteren Studie wurde ein Folge von 50 Dias von einer Unterrichtsstunde den Lehrern vorgeführt, und wieder sollten die Versuchspersonen den vermuteten Unterricht beschreiben. Die Antworten der Lehrer wurden dann hinsichtlich der Unterschiede zwischen Anfängern und Experten ausgewertet. In anderen Studien wurden auch Analysen vorgenommen, in denen die inhaltlichen Aspekte einer Unterrichtsstunde mit berücksichtigt wurden. Von der Forschergruppe LEINHARDT und GREENO (s. z. B. LEINHARDT & GREENO 1986; LEINHARDT & PTUNAM 1986) wurden auch Unterrichtsbeobachtungen, Video-Aufzeichnungen von Unterricht und Lehrerbefragungen vorgenommen.

In folgenden werden einige Ergebnisse aus derartigen Untersuchungen wiedergegeben, wobei hier keine dieser Studien im Detail vorgestellt werden soll. Wir beschränken uns auf eine zusammenfassende Darstellung, die sich an BROMME (1992, S. 52 ff.) orientiert.

Experten-Lehrer	Anfänger
Beschreiben Unterrichtssituation in allgemeinen Begriffen (z. B. Gruppenarbeit, gewählte Unterrichtsmethode, Arbeitsaktivitäten der Schüler)	Geben Details der Unterrichtssituation wieder (z. B. genaue räumliche Aufteilung des Klassenzimmers, Geschlecht der Schüler, verwendete Unterrichtsmaterialien)
Befassen sich bei der Unterrichtsplanung mit dem erreichten Stand des Unterrichtsstoffes, fachdidaktischen Zugangsweisen und Hausaufgaben	Haben bei der Planung die Aufgabe der Unterrichtsgestaltung als Ganzes weniger im Blick und konzentrieren sich stärker auf Verhaltensweisen des Lehrers zum einzelnen Schüler
Behalten nur für sie wichtige Informationen zu einer Klasse im Gedächtnis	Wissen relativ mehr über eine Klasse
Verwirklichen vergleichbare Unterrichtsaktivitäten in verschiedenen Stunden in relativ gleicher Zeit	Benötigen für vergleichbare Aktivitäten in verschiedenen Stunden höchst unterschiedliche Zeit
Üben mit Schülern zügig soziale Verhaltensmuster ein	Übersehen häufig die Notwendigkeit des verbindlichen Einübens von sozialen Verhaltensmustern
Teilen ihre Unterrichtsziele in Teilziele auf und verfolgen diese flexibel	Übersehen Teilziele und können nicht so flexibel auf die Klasse eingehen
Können relativ viele Schüleraktivitäten für eine Stunde nennen	Können nur relativ wenige Schüleraktivitäten für eine Stunde nennen
Ihre Unterrichtsplanungen haben eine inhaltlich hohe Kohärenz und sind nicht mit Ausführungs-Details belastet. Lehrperson kann sich kurz vor und während der Stunde gut an seine Planung erinnern	Bereiten den Unterricht viel detaillierter vor, können sich aber häufig an viele dieser Details im Unterricht nicht mehr erinnern

Dieser vergleichende Ansatz von Experten und Anfängern ist insbesondere auch für die Lehrerausbildung informativ, da er Orientierungen zu geben verspricht, wie Lehrerstudenten ausgebildet werden sollten. Es lassen sich Wissenselemente bei Lehrer-Experten identifizieren, die in der Lehrerausbildung nicht hinreichend berücksichtigt werden. Hierauf wird später noch eingegangen.

4.1.2. DER SCHÜLER AUS DER SICHT DES LEHRERS

Wie nehmen Lehrer die Schüler in ihrem Unterricht wahr? Wie wichtig sind für Lehrer detaillierte Kenntnisse über ihre Schüler für ihre Unterrichtsgestaltung? Dies sind zwei weitere typische Fragen der Expertenforschung zur Lehrerkognition. Die letzte Frage ermöglicht wieder die Berücksichtigung von Arbeiten aus der Forschung zur künstlichen Intelligenz.

Für die Planung der ersten Stunden in einer neuen Klasse scheinen für Lehrer detaillierte Informationen über die Schüler unwichtig zu sein. Dies gilt selbst, wenn sie Zugang zu solchen Informationen haben. Insbesondere Experten-Lehrer weisen darauf hin, daß man in der ersten Stunde sich nicht um den einzelnen Schüler zu kümmern habe, sondern vielmehr der ganzen Klasse seine Erwartungen über den Unterricht mitzuteilen habe. Der erfahrene Lehrer versucht sich einen Gesamteindruck von der Klasse zu machen, in dem die einzelnen Schüler eher als typische Schüler auftreten, wie z. B. als "guter oder "schüchterner" Schüler. Ihn interessiert hierbei eher, wie man diese Schülertypen in den Unterrichtsverlauf integrieren kann, und weniger, wie man dem konkreten Schüler eine individuell angepaßte Lernhilfe geben kann. Anfänger versuchen dagegen stärker die Schüler nach dem konkreten Leistungsstand zu gruppieren, können dazu allerdings keine konkreten Handlungsvorstellungen für ihre Unterrichtsdurchführung entwickeln (s. BROMME 1992, S. 55).

Beim Ansatz der künstlichen Intelligenz versucht man gerade das spezifische Wissen des einzelnen Schülers zu modellieren und hierauf die Instruktion möglichst genau anzupassen. In dieser Forschungsrichtung ist man bemüht, bestimmte klar umrissene Tätigkeitsbereiche von Experten eines Berufs auf einen Computer zu übertragen. So gibt es z. B. bereits in jeder besseren Spielabteilung eines Kaufhauses Schachcomputer zu kaufen, die nur noch von wirklich versierten Schachspielern geschlagen werden können. Ebenso hat man einen Diagnose-

Computer entwickelt, der bei der Erstellung des Krankheitsbildes eines Menschen sich kaum noch von einem erfahrenen Arzt unterscheidet.

Auch in Rahmen von Unterrrichtsforschung wird mit diesem Forschungsansatz gearbeitet. So existieren bereits Computerprogramme, die einen Schüler auf seinem Lernweg begleiten, ihm Aufgaben stellen, diese bewerten und Lernhilfen zu geben versuchen. Dies sind Arbeiten, die man unter dem Namen "intelligente Tutorsysteme" einordnet (s. o. 4.1.).

Die Entwicklung solcher Systeme wird häufig dadurch gerechtfertigt, daß mit ihnen eine Unterweisung vorgenommen werden könne, die sich optimal an den kognitiven Leistungsstand des einzelnen Lerners anpasse (s. z. B. KRUMMHEUER 1993; OHLSSON 1986; WENGER 1988). Freilich existiert bis zum heutigen Datum kein vollständiges oder funktionierendes intelligentes Tutorsystem zu einem mathematischen Unterrichtsthema. Es sind bisher nur Teilsysteme entwickelt worden.

So ist z. B. relativ viel Arbeit in die sogenannte "Schüler-Modellierung" investiert worden. Hierbei handelt es sich um den Versuch, den aktuellen Wissensstand eines Schülers zu rekonstruieren, und zwar aufgrund seiner Lösungsbemühungen zu vorgegebenen Aufgaben. Dabei werden Abweichungen zu mathematisch richtigen Lösungswegen identifiziert bzw. es werden auch bekannte typische Schülerfehler aus Fehleranalysen (s. o.) mit berücksichtigt. Implementationsversuche auf Computersysteme erweisen sich hierbei als äußerst schwierig und umfangreich.

Erheblich schwieriger noch gestaltet sich die Aufgabe, aufgrund dieser Schülermodellierung eine auf den einzelnen Schüler angepaßte Unterweisung zu entwerfen. Häufig wird nur dem Schüler signalisiert, daß er einen Fehler begangen habe und die Aufgabe noch einmal bearbeiten solle. Bei etwas entwickelteren Systemen kann dem Schüler die fehlerhafte Stelle bei seinen Berechungen gezeigt werden. Andere Systeme stellen ein sogenanntes "gestuftes Hilfesystem" zu Verfügung, das den Schüler immer genauer auf seinen Fehler hinzuweisen vermag (s. z. B. BETTSCHEIDER 1993; HOLLAND 1990 und 1992).

Theoretisch wie auch auf der Implementationsebene bleibt relativ unklar, wie man allgemein die Einsicht in den aktuellen Wissensstand eines Schülers für die Unterweisung nutzbar machen kann. Eine aufschlußreiche Untersuchung haben hierzu LESH und KELLY (1991) durchgeführt. Sie haben diese Unterweisungskomponente eines Tutorsystems durch Lehrer simulieren lassen. Die Schüler saßen vor einem Computer in der Annahme, mit einem computer-unterstützten Lernprogramm konfrontiert zu sein. Elektronisch verbunden saß in einem anderen Zimmer ein Lehrer, der die Eingaben des Schülers in den Computer übermittelt bekam, im Computer gespeicherte Aufgabensammlungen vor sich liegen hatte und noch zusätzlich über eine Kameras das Gesicht des Schülers und seine nicht-computerbezogenen Aufzeichnungen sehen konnte. Lehrer und Schüler waren in ihr jeweiliges Arbeitsfeld eingewiesen worden.

Insgesamt 20 Lehrer mit variierender Schulerfahrung nahmen an dem Versuch teil. Ihre Interventionen wurden aufgezeichnet und ausgewertet. Hierbei ergaben sich u.a. folgende Ergebnisse:

- Die Lehrer verwendeten relativ wenig Zeit, um die Schülerfehler zu analysieren und zu korrigieren.
- Sie verwiesen den Schüler regelmäßig auf die verfügbaren Veranschaulichungen und forderten ihn auf, diese zu verwenden.
- Sie gaben keine direkten Hinweise auf Fehler, sondern versuchten den Schüler an Grundvorstellungen des aktuellen mathematischen Inhalts zu erinnern.

In gewisser Weise haben diese Lehrer sich *gegen* den Ansatz einer maximalen Individualisierung des Lernens verhalten. Dies kann viele Gründe haben, und einer könnte sicherlich sein, daß die Lehrer aufgrund ihrer Ausbildung gar nicht in der Lage sind, einen derart individualisierten Unterricht durchzuführen.

Man kann aber auch in entgegengesetzer Weise argumentieren, daß hier die Experten von Unterricht gezeigt haben, wo die Grenzen des Unterrichtens liegen. Ein Unterricht kann

- dem Schüler Lernangebote machen,
- Schüler zum Verwenden eingeführter Bearbeitungshilfen, wie z. B. Veranschaulichungen, bewegen,
- auf tragfähige Grundvorstellungen verweisen und
- allgemein dafür sorgen, daß Arbeitsphasen durchgestanden werden.

Mit anderen Worten, ein Lehrer kann Lerngelegenheiten stiften und sich um ihre stete Bearbeitung bemühen. Er kann aber nicht mit psychologischer Zwangsläufigkeit den einzelnen Schüler zum Lernen oder gar zum

"Richtig-Lernen" bringen. Diese Entscheidung steht immer dem Schüler selbst offen.

Diese Einsicht, die bereits im vorigen Kapitel als "indirektes Lernen" von der Seite des Unterrichtsgeschehens her beschrieben wurde, spiegelt sich offenbar auch in der Kognition erfahrener Lehrer wieder. Sie denken in Typisierungen über ihre Schüler nach: Sie haben also Vorstellungen, was man in einer bestimmten Unterrichtssituation mit einem sogenannten "schwachen" Schüler machen kann und wie man das Unterrichtsangebot differenzieren kann. Sie benötigen hierzu aber offensichtlich keine detaillierte Diagnose des Leistungsstandes der einzelnen Schüler. Der Ansatz einer weitgehenden Individualisierung des Unterrichts steht allem Anschein nach im Widerspruch zu dem Handlungswissen von Lehrer-Experten.

4.2. UNTERRICHTSPLANUNG VON LEHRERN

Drei wichtige Komponenten mathematischer Lehr-Lernprozesse sind bis hierhin beschrieben worden: Die Kognitionen von Kindern, die Kognition der Lehrer und Strukturen der sozialen Situation, in der sich Lehrer und Schüler begegnen. Auf der Grundlage dieses Kenntnisstandes soll im folgenden versucht werden, die Möglichkeiten geplanter Einflußnahme des Lehrers auf das Unterrichtsgeschehen genauer darzulegen. Drei Bilder vom Handeln des Lehrers im Unterricht werden gezeichnet und die jeweils damit verbundenen Vorstellungen von Unterrichtsplanung ausgeführt werden. Diese drei Bilder sind die der

- Plansollerfüllung (4.2.1.), der
- situativen Problemlösung (4.2.2.) und der
- Improvisation (4.2.3.).

4.2.1. PLANSOLLERFÜLLUNG

Wohl jeder Student oder Referendar wird mit einer schematisierten "Stundenverlaufsplanung" konfrontiert worden sein. In der Detailliertheit variieren diese Schemata. Im allgemeinen haben sie etwa folgende Form:

ZEIT	LERNSCHRITTE	METHODEN	SOZIALFORM/MEDIEN
15´	Einstieg: Wiederholung der reinen Zehnerzahlen (Z) von 10 bis 90	SS legen Zahlenkarten von Zehnerzahlen in die natürliche Reihenfolge und zählen die Reihe vorwärts und rückwärts	Sitzkreis vorgefertige Karten mit den Zahlen 10, 20, 30 usw. bis 90
10-15´	Weiterführung: SS rechen Aufgaben der Form Z ± Z	SS zeigen auf die entsprechende Zahl-Karte und lösen Aufgabe eventuell durch Zählen	
usw.			

Hier soll nicht auf Einzelheiten solcher Planungsbögen eingegangen werden. Sind sie hinreichend durchstrukturiert, so enthalten sie alle wesentlichen Dimensionen, die aus normativer pädagogischer Sicht bei der Gestaltung von Unterricht berücksichtigt sein sollten (s. MEYER 1987, S. 97 f.). Er spricht derartigen Ablaufschemata eine

> "organisierende Kraft für die Auswahl- und Gestaltungsentscheidungen in den übrigen Feldern der Unterrichts*vorbereitung*" (ebenda S. 96; Hervorhebung von mir, GK)

zu. MEYER sieht also gewisse Möglichkeiten, mit Hilfe solcher Schemata Orientierungen für eine Unterrichtsvorbereitung zu gewinnen, da in einem solchen Raster die für wesentlich angesehenen Aspekte einer Unterrichtsführung angesprochen werden. Schwieriger ist die Frage zu beantworten, wie sich derartige Planungsverfahren auf den eigentlichen Unterrichts*prozeß* auswirken. Man wird tendentiell sagen können, ein Unterrichtsprozeß entspricht einer solchen Planung um so mehr, je weniger spontane und je mehr routinisierte Elemente in ihm vorkommen.

Wie die Ergebnisse der obigen Gegenüberstellung von Lehrer-Experten und Anfängern im Lehrberuf nahelegen, sind bei erfahrenen Lehrern derartige Unterrichtsroutinen verstärkt wirksam. So können offenbar erfahrene Lehrer ähnliche Unterrichtsphasen in verschiedenen Stunden fast immer im selben Zeitrahmen ablaufen lassen. Ferner legen sie großen Wert auf verbindliche Absprachen über Verhaltensmuster im Unterricht. Beides zusammen deutet auf solche Routinebildungen im Unterricht hin.

Dennoch mißlingen hin und wieder Planungen dieser Art bei ihren Verwirklichungsversuchen. Dabei bedeutet dies nicht, daß ein "schlechter" Unterricht stattgefunden hat. Hin und wieder verlangt sogar die Situation, daß man seine Planung abändert oder sogar aufgibt. Unter dem Bild von Unterricht als Plansollerfüllung sind derartige Situationen aber nur als Störungen zu verstehen, und die Lösung besteht vor allem darin, ihnen durch vermehrten Planungsaufwand zu begegnen. Eine Möglichkeit, wie sie z. B. auch MEYER (1987. S. 118 ff.) empfieht, liegt in Verzweigungen bei der Planung. Man versucht verschiedene denkbare Unterrichtsverläufe zu integrieren; z. B.:

ZEIT	LERNSCHRITTE	METHODEN	SOZIALFORM/MEDIEN
15´	Einstieg: Wiederholung der reinen Zehnerzahlen (Z) von 10 bis 90	↗ Weg 1: SS legen Zahlenkarten von Zehnerzahlen in die natürlichen Reihenfolge und zählen die Reihe vorwärts und rückwärts durch ↘ Weg 2: (Falls die Reihe der Zehnerzahlen bereits gut beherrscht wird) SS zählen die Zehnerreihe in 20-er und 30-er Schritten	Sitzkreis vorgefertige Karten mit den Zahlen 10, 20, 30 usw. bis 90
usw.			

Ein anderer wichtiger Verzweigungspunkt scheint häufig das Ende der Stunde zu sein. Da insbesondere für den nicht erfahrenen Lehrer der Zeitaufwand verschiedener Unterrichtsphasen schwer einzuschätzen ist (s. o.), muß er sich von mehreren Punkten seiner Planung einen Übergang zur Endphase überlegen. Dies bereitet oft erhebliche Schwierigkeiten, - in der Planung, wie in der Durchführung.

Die Verzweigungsidee zeigt u. a. auf einen Gesichtspunkt, der im folgenden weiter behandelt werden soll: Denkt man in Begriffen von Planung und Planerfüllung, so kann der Lehrer seinen Plan vom Unterricht nur unter äußerst rigide eingeführten Routinen und Verhaltensvorschriften vollständig umsetzen. Das Modell von Planung ist somit in den meisten Fällen kein deterministisches sondern ein "stochastisches"

(BROMME 1992, S. 82): Die einzelnen Schritte der Planung haben eine gewisse Wahrscheinlichkeit, daß sie umgesetzt werden können.

Somit ist vom Lehrer eine bestimmte Flexibilität im Hinblick auf Abweichungen von der Planung und eine gewisse Sensibilität im Hinblick auf die Einschätzung der Möglichkeiten der Einflußnahme auf die momentane Unterrichtssituation zu verlangen. Hierfür benötigt er ein anderes Wissen und andere Kompetenzen als für die Planung. Um dies am obigen Beispiel zu erläutern: Woran erkennt der Lehrer, ob die Schüler die Zehnerreihe schon gut genug beherrschen? Er kann hierfür einen Test vorbereiten. Nur, dann hat er bereits einen anderen Unterricht geplant. Es bleibt ihm in der Situation nur, aufgrund der Schüleräußerungen und des Verlaufs des Gesprächs im Sitzkreis eine Einschätzung vorzunehmen. Hierzu benötigt der Lehrer eine spezifische auf das Unterrichtsgeschehen bezogene "kommunikative Kompetenz" (s. z. B. COOK-GUMPERZ & GUMPERZ 1982). Die folgenden beiden Abschnitte führen diesen Gedanken weiter aus.

4.2.2. PROBLEMLÖSUNG

Eine kleine Episode aus dem Unterricht einer ersten Klasse mag in die hier zu besprechende Thematik einführen (s. hierzu auch KRUMMHEUER 1992, S. 86 ff.): An der Frontseite des Klassenzimmers sind auf Karten die Zahlen 0 bis 6 nebeneinander angebracht. Die Lehrerin zeigt mit einem Stock auf diese Zahlen. Die Schüler sollen die jeweils angezeigte Zahl mit Fingern nachzeigen und dabei *beide* Hände verwenden. Soweit rekonstruierbar, fängt sie mit der Zahl zwei an. Die Kinder zeigen ihre Lösungen mit ausgestrecktem Arm an. Die Lehrerin kann dies von vorne leicht erkennen und gegebenfalls auf einige Lösungen eingehen. Im Unterricht werden auf diese Weise die Zahlen Sechs, Null und Eins behandelt. Im folgenden wird der Unterrichtsabschnitt zu den Zahlen Null und Eins wiedergegeben.

1	L	(...)*(zeigt auf die Zahl Null)*
2	Ss	null, gar nichts *(heben dabei die Fäuste hoch)*
3	L	Christian was hab ich gezeigt'
4	Chr.	(die?) Null die Zwei und die Vier
5	L	*(erstaunt)* och+, das war aber toll ...
6		(Bernhard?) zeig-

S1 die Null
S2 *(schneller werdend)* die Null, gar nichts+ *(mehrere Schüler schwenken mit ihren beiden Fäusten herum)*
L das hab ich gezeigt. die Null, ja- ihr müßt euch die Zahlen ganz genau angucken, damit ihr (..) so, und jetzt möchte ich mit zwei Händen gezeigt haben- *(zeigt währenddessen auf die Eins)*
Ss *(murmeln)* eins zwei+
S eins, hier-
(einige Schüler heben einen Daumen hoch und lassen die zweite Hand außer acht. Ein anderer Schüler hebt beide Daumen hoch, aber offenbar eingeknickt)
L: *(lacht)* du zeigst mit jeder Hand einen halben Finger, das ist gut.
(Ein Schüler im Vordergrund knickt nun auch seine beiden hochgestreckten Daumen ein)
L kann man das mit zwei Händen zeigen'
Ss ja, ja

In dieser Episode bringt ein Schüler eine mathematisch interessante alternative Lösung ein, in der systematisch der zugrunde gelegte Zahlbereich der natürlichen Zahlen (1, 2, 3, 4, usw.) überschritten wird. Diese Lösung wird zwar von der Lehrerin akzeptiert, aber nicht weiter aufgegriffen. Vermutlich hat sie damit nicht gerechnet. Dies lag offenbar völlig außerhalb des von ihr erwarteten Schülerverhaltens. Sie wäre wohl auch in einer sehr ausführlichen und mit vielen Verzweigungen ausgestatteten Unterrichtsplanung nicht auf diesen Fall eingegangen. Wie ist es dazu im Einzelnen gekommen?

Die Lehrerin zeigt mit einem Stock auf die Null. Mehrere Schüler benennen die Zahl als "Null" bzw. "gar nichts" (in 2). Zugleich heben sie die Fäuste hoch. Die hochgehaltene Faust soll dabei wohl so gedeutet werden, daß die bei einer Faust nicht abgespreizten Finger für die Null stehen sollen. Zu dieser Deutung findet freilich keine explizite Aushandlung statt. Sie wird wohl von der Lehrerin wie auch den meisten Schülern wie selbstverständlich verwendet. Möglicherweise kann Christian dieser stillschweigenden Übereinkunft nicht folgen. Jedenfalls scheint es so, als zeige Christian etwas anderes als die zur Faust geformten Hände hoch. So wird hier die Nachfrage der Lehrerin (in 4) interpretiert.

In den Zeilen 2 bis 10 setzt sich gleichsam akklamativ die Faust als Zeichen für die Null durch. Offenbar werden in der Mehrzahl auch beide zur Faust geformten Hände hochgehalten (vgl. 9/10). In den Zeilen 12-14 reformuliert die Lehrerin noch einmal die Bedingung der Aufgabe, die ausgewählte Zahl mit beiden Händen zu symbolisieren.

Anschließend zeigt sie auf die Eins (vgl. 15). Offenbar können die Schüler in einer für die Lehrerin hinreichenden Anzahl die erwartete Antwort nicht geben (eine Hand ein Finger - die andere Hand zur Faust). Zumeist wird wohl nur eine Hand mit einem abgespreizten Finger hochgehalten und die zweite zur Faust geformte Hand unterschlagen (vgl. 18/19).

Ein Schüler freilich benutzt seine beiden Hände und zeigt zwei eingeknickte Daumen hoch (vgl. 19/20). Die Lehrerin lacht über diese Lösung (21) und bewertet sie anschließend positiv. Einige Schüler scheinen diese Äußerung der Lehrerin als Hinweis für die erwünschte Lösung zu nehmen und knicken auch ihre zwei hochgehaltenen Daumen ein (vgl. 23/24). Die Lehrerin erwartete aber die oben bereits beschriebene Antwort, ein Finger mit einer Hand und die Faust mit der anderen Hand. Diese Antwort wird von ihr jedenfalls in der Folge durchgesetzt.

Aus mathematischer Sicht wird mit der "halbe-Daumen-Lösung" der implizit abgesteckte Zahlenbereich der natürlichen Zahlen überschritten. Die Überschreitung wird hier als erlaubter Dissens von der Lehrerin zugelassen. Eine intensivere Auseinandersetzung mit dieser Lösung findet allerdings nicht statt. Sie bietet Chancen zur Entwicklung erster Ansätze einer in der Interaktion zu explizierenden Argumentation durch Offenlegung der unterstellten Zahlenmenge (zum Begriff "Argumentation" s. o.).

Diese Episode wird hier als ein Beispiel dafür genommen, daß es immer wieder vorkommen kann, daß Schüler unvorhergesehene Anworten geben und daß dann der Lehrer gefordert ist, in der Situation eine Entscheidung zu treffen, ob, in welchem Ausmaß und in welcher Form er auf diese Schülerhandlung eingehen soll. Dies wird hier als ein Phänomen von *situativer Problemlösung* verstanden.

Unter diesem Bild der situativen Problemlösung geht man davon aus, daß ein Unterrichtsprozeß ein derart komplexes Geschehen ist, daß wesentliche Probleme eines konkreten Unterrichtsverlaufs nicht vorhersehbar sind und deswegen im Moment ihres Auftretens erkannt und durch eine situativ zu erstellende Lösung bearbeitet werden müssen (s. BROMME 1992, S. 155 ff.).

Die unter diesem Ansatz unterstellte Komplexität und Dynamik von Unterricht kann man z. B. durch folgende sechs Merkmale beschreiben (s. ebenda S. 117 und DOYLE 1986, S. 394f.):

1. Multidimensionalität: eine große Anzahl von Ereignissen und Aufgaben sind zu bewältigen
2. Simultaneität: viele dieser Ereignisse und Aufgaben treten gleichzeitig auf
3. Unverzüglichkeit ("immediacy"): auf Ereignisse muß ohne zeitlichen Verzug reagiert werden, Unterricht zeichnet sich durch die rasche Abfolge von Handlungen aus
4. Unvorhersagbarkeit: Das Eintreten vieler Ereignisse ist unberechenbar, wenngleich die Art dieser Ereignisse oft ähnlich ist
5. Öffentlichkeit: der Lehrer steht in aller Öffentlichkeit vor seinen Schülern, er kann nicht etwas versuchsweise probieren und dies vorläufig für sich behalten oder zurücknehmen
6. Vorgeschichte ("history"): Fast jede Handlung in einer Klasse hat eine Vorgeschichte, so daß es eine Akkumulation gemeinsamer Erfahrungen in einer Klasse gibt.

Insbesondere die ersten vier Punkte werden immer wieder genannt, wenn man auf die Komplexität der sozialen Prozesse im Mathematikunterricht aufmerksam machen will. Zudem wird mit Hinweis auf Punkt 4 auch die Möglichkeit von Plansollerfüllungen als gering eingestuft.

Man kann in dieser Sicht den Lehrer mit einem Manager vergleichen, der ein komplexes System zu steuern versucht. Beispielsweise versucht WITTMANN (1988) unter anderem Ergebnisse aus der Management-Forschung auf den Mathematikunterricht zu übertragen. Er hat seine Einsicht in diese Forschung in einem so benannten "Hauptsatz der Komplexitätsbeherrschung" zusammengefaßt:

> "Es ist unmöglich, ein hochgradig komplexes System von außen im Detail vollständig zu kontrollieren und ihm vorgegebene Verhaltensstrukturen aufzuzwingen.

> Die Komplexität läßt sich nur beherrschen, indem den im System selbst spontan entstehenden Verhaltensstrukturen Raum gegeben wird.
> Je komplexer die angestrebten Verhaltensweisen sind, desto mehr bedarf es zu ihrer Ausbildung der spontanen Kräfte im System.
> Je rigider die Kontrolle von außen gehandhabt wird und je mehr die spontanen Kräfte übergangen werden oder gar unterdrückt werden, desto ärmere Verhaltensstrukturen bilden sich heraus.
> Der größte Zuwachs an interner Organisation tritt in der Symbiose teilweise autonomer, sich selbst steuernder Subsysteme ein (S. 341, s. a. WITTMAN & MÜLLER 1990, S. 164f.).

WITTMANN führt diese systemtheoretischen Aussagen an, um einen weiteren Grund für das vom ihm propagierte "aktiv-entdeckende Lernen" (s. hierzu auch WITTMANN & MÜLLER 1990, S. 152 ff.) anführen zu können. Unter dem hier eingenommenen Gesichtspunkt des situativen Problemlösens als Leitbild des Unterrichts kann man diese Ergebnisse auch dazu verwenden, um noch einmal hervorzuheben, daß der Lehrer einen Unterricht nicht zufriedenstellend vorherplanen kann. Für ein flexibles Handeln im Unterricht benötigt er auch eine "Improvisationsgabe". Hierauf wird im nächsten Abschnitt eingegangen.

4.2.3. IMPROVISATION

Unterrichtliche Interaktionsprozesse stehen irgendwo zwischen hoch ritualisierten und formelhaften Interaktionssituationen, in denen die Schrittfolge der Handlungen und die inhaltlichen Äußerungen festgelegt sind, und spontanen sozialen Prozessen, in denen weder die Abfolge der Handlungsschritte noch ihre inhaltliche Ausformung vorbestimmt sind (s. hierzu z. B. auch ERICKSON 1982). Es gibt also zum einen einen Grundstock von Vereinbarungen über Verhaltensweisen, die in der Stunde gelten (sollten) und von daher vorhersagbar und planbar sind (dies gilt vor allem für Lehrer-Experten; s. o.). Zum anderen aber gibt es Momente im Unterricht, die nur in der speziellen Situation lokal geklärt werden können. Diese *Kombination* von situationsübergreifenden Vereinbarungen und situationsspezifischen Aushandlungen soll hier in Anlehnung an ERICKSON 1982 "Improvisation" genannt werden:

> "Es ist genau die Kombination von Vorbestimmtem und Formelhaftem hinsichtlich einiger Dimensionen und Offenheit und Varianten hinsichtlich anderer Dimensionen, die die Gelegenheit von Improvisation hervorbringt" (S. 164 f.; Übersetzung von mir, GK).

Improvisation wird in diesem Sinne häufig in der Musik verwendet, wenn über die typische Eigenart von Jazz gesprochen wird. Eine Improvisation über einen Blues z. B. basiert auf einer präzisen und vorherbestimmten Harmonieabfolge über 12 Takte, die dann je nach Absprache mehrere Male wiederholt wird. An diesem sogenannten Blues-Schema wird während einer Aufführung nicht gerüttelt. Die freien und spontanen Handlungen betreffen die Melodieführung der einzelnen Spieler, die hierdurch u. a. die Möglichkeit haben situativ Motive eines anderen Spielers zu übernehmen und zu variieren. Häufig nennt man nur diesen zweiten Teil die "Improvisation". Es sollte aber deutlich sein, daß zur Improvisation auch vorgeplante Absprachen und entsprechende Vorbereitungen gehören.

Wendet man nun diesen Begriff auf den Mathematikunterricht an, so fragt man sich, was denn nun der feste, vorhergeplante und was der freie, variierende Bestandteil ist. Sehr groß ist m. E. die Versuchung, die Mathematik zu dem festen unverrückbaren Teil zu erklären. Denn gerade die Mathematik erscheint in ihrer begrifflichen Präzision und argumentativen Strenge für Improvisationen keinen Raum zu bieten. Der freie Improvisationsteil bezöge sich dann auf Variationen in der Bearbeitungsweise, Aktualisierung von relevantem Vorwissen, sozialen Arbeitsformen usw.

Hier soll ein alternativer Vorschlag unterbreitet werden, der u. a. auch versucht, dargestellte Ergebnisse der Expertenforschung (4.1.) und der Unterrichtsforschung (3.2.2.) zu berücksichtigen. Er lautet schlagwortartig formuliert: Schaffung von Verbindlichkeiten in den sozialen inhaltsbezogenen Umgangsformen und Offenheit in der inhaltlich mathematischen Auseinandersetzung. Greift man hier noch einmal den Punkt der situativen Problemlösung auf, so kann man den Ansatz der Improvisation verstehen als einen Versuch von Komplexitätsreduktion auf der Ebene der Partizipationsstrukturen bei gleichzeitiger Beibehaltung oder sogar Erhöhung der Komplexität auf der Ebene der inhaltlichen Strukturen.

Die Untersuchungen unter dem Experten-Ansatz zeigen, daß der erfahrene Lehrer mit den Schülern verbindliche Verhaltensmuster einübt und ihre Funktionsweise in den Unterrichtstunden immer wieder sichert. Hierdurch reduziert sich die Komplexität von Unterricht auf Dauer und dies könnte dem Lehrer den "Kopf frei machen" für die mathematischen Ideen und kognitiven Probleme seiner Schüler. Beispielsweise ließen sich Interaktions-Formate (s. o.) für Gruppenarbeit, die Darstellung von Gruppenergebnissen, die Darstellung von Ergebnissen von Einzelarbeit mit den Kindern im Anfangsunterricht einüben. Im nächsten Kapitel zum offenen Unterricht werden Beispiele hierzu genauer ausgeführt. Den mathematischen Ideen oder Lösungsversuchen der Schüler dagegen würden keine Auflagen gemacht werden, solange sie im Rahmen solcher Formate entstehen bzw. dargestellt werden. Wie beispielsweise bei den Rechenstrategien zu den vier Grundrechenarten gezeigt, können die Schüler die Aufgaben auf ihre individuelle Weise mit ihnen je besonders einleuchtenden Rechenstrategien lösen (s. hierzu noch einmal WITTMANN & MÜLLER 1990, S. 83 ff.).

Ein solcher Unterricht ist hinsichtlich der Schülerlösungen nicht planbar. Dennoch werden nicht alle Lösungen der Schüler für den Lehrer völlig neu und originell sein. Es gibt gleichsam immer wieder auftretende "Phrasierungen" zum selben Thema. Die erwähnten Kategorien von Rechenstrategien nach WITTMANN & MÜLLER stellen z. B. solche Phrasierungen dar (s. Exkurs VII). Der sichere Umgang mit solchen Strategien auf Lehrerseite hilft bei Stockungen in den Lösungsprozessen auf der Schülerseite, einfühlsam einzuspringen und ein Stück "mitzuspielen" (s. o. zum "Format").

Auf die Konsequenzen für die Lehrerausbildung soll hier nur hingewiesen werden: Auch ein Lehrer muß in dem hier verwendeten Sinne mathematik-didaktisch "improvisieren" können, und dies sollte ihm in seiner Ausbildung nahegebracht werden. Hierdurch erwächst in dem zukünftigen Lehrer zugleich die fachliche Kompetenz, sich auch auf Schülerlösungen einlassen zu können, die vom Standardverfahren abweichen. Zudem muß er mit einer bestimmten Anzahl von Improvisationen zu einem Unterrichtsthema vertraut sein. Hierfür könnten z. B. in die Lehrerausbildung verstärkt Videoaufzeichungen von Unterricht einbezogen werden, bei deren vergleichender Analyse man derartige Problemstellungen besprechen kann.

Eine solche auf Improvisation beruhende Unterrichtsdurchführung läßt sich möglicherweise leichter verwirklichen, wenn man die Unterrichtsthemen der einzelnen Stunden thematisch nicht zu eng wählt. Andererseits ist dies ein Ansatz der sich auch mit schwierigkeitsgestuften Unterrichtskonzeptionen, wie sie üblicherweise in Schulbüchern verwirklicht werden, verträgt. Der Ansatz zielt ja auf die lokalen oder situativen Steuerungsmöglichkeiten von Unterricht und nicht auf fachliche oder stoffdidaktische Zielsetzungen. Die im folgenden dargestellten Vorschläge zur stofflichen Strukturierung des Unterrichts mögen dies weiter ausleuchten.

5. GESTALTUNGSMÖGLICHKEITEN DES LEHRERS MIT BLICK AUF DEN LEHRGANG

5.1. DIE TRADITIONELLE STOFFVERTEILUNG DES MATHEMATISCHEN ANFANGSUNTERRICHTS

Der traditionelle mathematische Anfangsunterricht ist stark geprägt von der methodisch gestuften Einführung in die Grundrechenarten. Im ersten Schuljahr geht es um die Addition und Subtraktion, und im zweiten Schuljahr kommen Multiplikation und Division hinzu. Dies Ganze ist eingeordnet in einen sukzessiven Aufbau des Zahlenraumes, so daß mit Ende des zweiten Schuljahres die Kinder mit dem Zahlenraum von 0 bis 100 und den darin möglichen Rechnungen bzgl. der vier Grundrechenarten vertraut sein sollten.

Methodisch werden gewöhnlich neben der Unterscheidung in die vier Grundrechenarten noch die Aspekte der Zahlvorstellung und Zahldarstellung berücksichtigt, so daß sich zumeist folgende oder eine ähnliche Gliederung des arithmetischen Unterrichtsstoffes ergibt:

(1) Zahlraum von 0 bis 5 (bzw. 6)
  (a) Zahlenvorstellungen und Zahlenvergleich
  (b) Einführung von Addition und Subtraktion

(2) Zahlraum von 0 bis 9 (bzw. 10 oder 12)
  (a) Zahlenvorstellungen und Zahlenvergleich
  (b) Addition und Subtraktion im erweiterten Zahlbereich

(3) Zahlraum von 0 - 20
  (a) Zahldarstellung in einem Stellenwertsystem, Zahlenvorstellungen und Zahlenvergleich
  (b) Addition und Subtraktion im erweiterten Zahlbereich

(4) die Zehnerzahlen im Zahlraum 0 - 100
   (a) Zahlenvorstellungen und Zahlenvergleich
   (b) Addition und Subtraktion mit Zehnerzahlen

(5) der Zahlraum von 0 - 100
   (a) Zahldarstellung im Dezimalsystem, Zahlenvorstellungen und Zahlenvergleich
   (b) Addition und Subtraktion im erweiterten Zahlbereich
   (c) Einführung der Multiplikation
      - Grundvorstellungen
      - Behandlung des 1x10, 1x5, 1x2, 1x4 und 1x3
      - eventuell Behandlung der restlichen Einmaleins Reihen
   (d) Einführung in die Division
      - Vermittlung der Vorstellungen des Aufteilens und Verteilens
      - Divisionen ohne und mit Rest
   (e) Zusammenhang von Multiplikation und Division

Gegenüber dieser arithmetischen Stoffülle bleiben für das Sachrechnen und die Geometrie nicht mehr viel Platz. Das Sachrechnen wird hinsichtlich des arithmetischen Aufwandes der obigen Stufung untergeordnet. Die zu behandelnden Größen sind das Geld, die Länge und die Zeitspanne (Stunden, Minuten). Gelegentlich findet man in Schulbüchern Vorschläge, das Sachrechnen themenzentriert zu behandeln, z. B. "wir planen eine Klassenfeier" usw.

Hinsichtlich der Geometrie hat man häufig den Eindruck, als würde das Stoffgebiet als eine Art Auflockerung zwischen die verschiedenen arithmetischen Teilabschnitte plaziert. Vorwiegend werden hierbei Themen wie "Figuren auslegen", "Muster legen" und "Lagebeziehungen" behandelt. Dies kann man hinsichtlich der von RADATZ & RICKMEYER gemachten Vorschläge (s. Exkurs VII) als ein geometrisches Minimalangebot verstehen. Insgesamt bleibt die Forderung bestehen, daß der Geometrie im Anfangsunterricht ein höherer Stellenwert zugemessen werden sollte.

5.2. WEGE ZU EINER OFFENEREN UNTERRICHTSGESTALTUNG

Kritik an Unterrichtskonzeptionen der obigen Art ist in letzter Zeit wieder deutlicher formuliert worden. Die bekannten Phänomene des Mathematikunterrichts, wie Überschätzung des Erwerbs schematischer Rechenkompetenz und Unterschätzung auf Einsicht beruhender Begriffsentwicklung, werden durch diese Art der Stofforganisation mit verursacht. Drei neuere Vorschläge zum Mathematikunterricht werden im folgenden dargestellt. Dies sind der Ansatz von

- Wittmann und Müller,
- Gallin und Ruf und von
- Cobb, Yackel und Wood

Die Vorschläge von WITTMANN & MÜLLER (1990) orientieren sich an einer ganzheitlichen Darstellung des Unterrichtsstoffes und versuchen auf diesem Wege einer Parzellierung und Segmentierung des Unterrichtsstoffes entgegenzutreten. Von großer Bedeutung sind hierbei gezielt eingesetzte Veranschaulichungen, die zum einen den mathematischen Gegenstand zur Darstellung bringen und zum anderen den Schülern ein eigenständiges und aktives Arbeiten mit ihnen ermöglicht. Die beiden Autoren nennen dies den Ansatz des "aktiv-entdeckenden Mathematiklernens".

Der Ansatz von GALLIN & RUF (1993) zielt stärker auf eine sprachliche Aufarbeitung der mathematischen Einsichten, die ein Kind bei der Bearbeitung einer für es interessanten Aufgabe gewinnt. Zentrale Einrichtung ist deshalb hier das sogenannte "Reisetagebuch", in dem der Schüler seine Ideen niederschreibt und die Lehrperson schriftliche Kommentare dazu gibt. In Ermangelung einer eigenen Charakterisierung ihres Ansatzes soll hier von dem des "schriftlich-reflektierenden Mathematiklernens" gesprochen werden.

Der dritte Unterrichtsversuch stammt aus den USA und richtet sich damit in erster Linie gegen Tendenzen und Verfestigungen des Mathematikunterrichts im amerikanischen Grundschulsystem. In diesem Ansatz wird die Gruppenarbeit, zumeist zwischen zwei Kindern, als ständige Einrichtung der täglichen Mathematikstunde konsequent gefördert. Kinder bearbeiten zusammen Aufgabenblätter, mit der Auflage sich gegenseitig die Rechnungen und Überlegungen zu erklären. Auf diese Weise wird erwartet, daß in den Gruppen eine intensive argumentativ geführte Auseinandersetzung über mögliche Lösungswege der Aufgaben in

Gang gesetzt wird. In einem regelmäßig sich anschließenden Klassengespräch werden verschiedenene Lösungswege vorgestellt und gegebenenfalls diskutiert. Dieser Ansatz soll hier als "interaktiv-argumentierend" bezeichnet werden.

5.2.1. DER ANSATZ DES AKTIV-ENTDECKENDEN MATHEMATIK-LERNENS

WITTMANN & MÜLLER wollen die Eigenaktivität des Kindes und den soziale Austausch zwischen den Kindern fördern (1990, S. 153). Sie richten sich damit gegen einen kleinschrittig schwierigkeitsgestuften Lehrgang und stellen dem ihr Konzept vom "aktiv-entdeckenden" Lernen gegenüber (s. ebenda S. 157). Sie versuchen dies zu verwirklichen, indem sie umfassendere Arbeitsbereiche entwerfen, in dem die Kinder nach eigenen Vorstellungen aktiv werden können und mathematische Erkenntisse selbst entdecken, erproben und anwenden. Für den Arithmetikunterricht der beiden ersten Jahrgangsstufen der Grundschule schlagen sie entsprechend vor, daß in der ersten Klasse sofort mit dem ganzen Zahlraum bis 20 und im der zweiten Klasse ebenso sofort mit den ganzen Zahlraum bis 100 gearbeitet wird. Ein sukzessiver Aufbau der Zahlenräume, wie sie im traditonellen Unterricht üblich ist, wird abgelehnt.

Für diese ganzheitliche Sicht auf die beiden Zahlräume empfehlen sie die Darstellung der Zahlen als Punktfelder. Für die erste Jahrgangstufe ist dies das "Zwanzigerfeld" und für die zweite Jahrgangstufe das "Hunderterfeld"[1]:

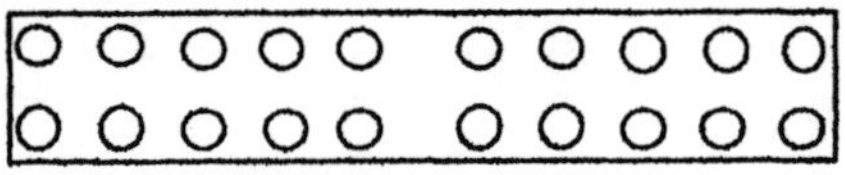

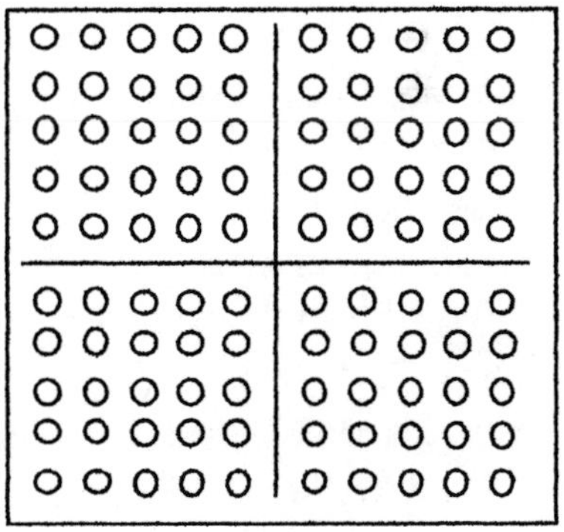

An zwei Beispielen mag der Umgang mit diesen beiden Veranschaulichungen verdeutlicht werden: den ersten Additionsaufgaben im

1 Für das dritte Schuljahr wird darauf aufbauend auch noch ein sogenanntes "Tausenderbuch", ein Buch aus zehn Seiten mit Hunderterfeldern, empfohlen (s. WITTMANN & MÜLLER 1992).

ersten Schuljahr und der Behandlung der Multiplikation im zweiten Schuljahr.

(1) Die Kreise auf dem Zwanzigerfeld sind so dimensioniert, daß man Wendeplättchen darauf deckend legen kann. Hierdurch lassen sich Zahlen und Additionsaufgaben darstellen; z. B. 6 + 6:

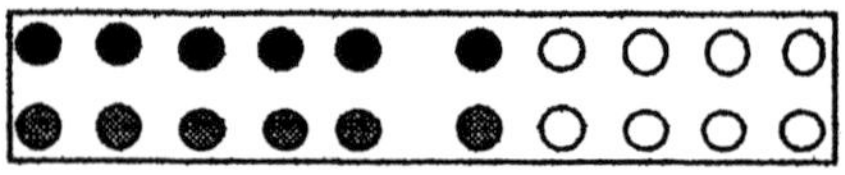
Darstellung 1

Darstellung 2

Die beiden Autoren bemerken hierzu, daß in der ersten Darstellung eine Analogie zum Spiegeln vorliegt und man das Ergebnis durch die Fünferuntergliederung der Veranschaulichung leicht ablesen könne. Die 2. Darstellung ist als die übliche Zehnerergänzung interpretierbar, also 6+6=6+4+2=10+2.

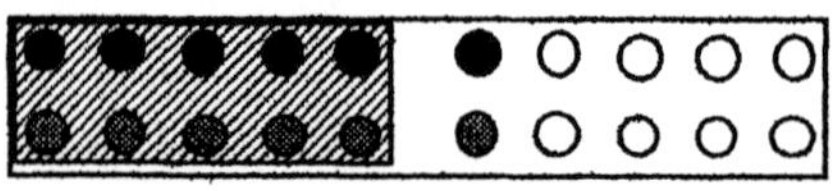

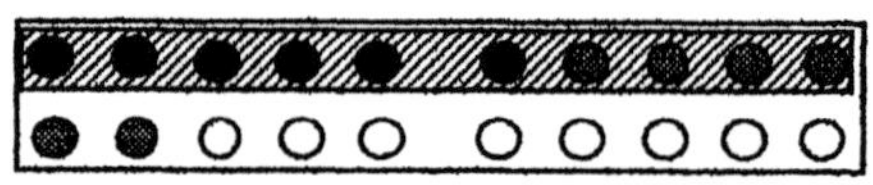

Es wird deutlich, wie nun durch Hinzufügen oder Wegnehmen von Wendeplättchen die weiteren Aufgaben des kleinen Einspluseins in abwechslungsreicher Weise von den Kinder selbst erarbeitet werden können.

(2) Die Aufgaben zum kleinen Einmaleins werden an dem Hunderterfeld behandelt. Als dominierende Veranschaulichung eines Produktes wird das rechteckige Punktfeld gewählt. Das Produkt 6 ∗ 7 wird z. B. dann verstanden als das Punktfeld bestehend aus 6 Reihen à 7 Punkte:

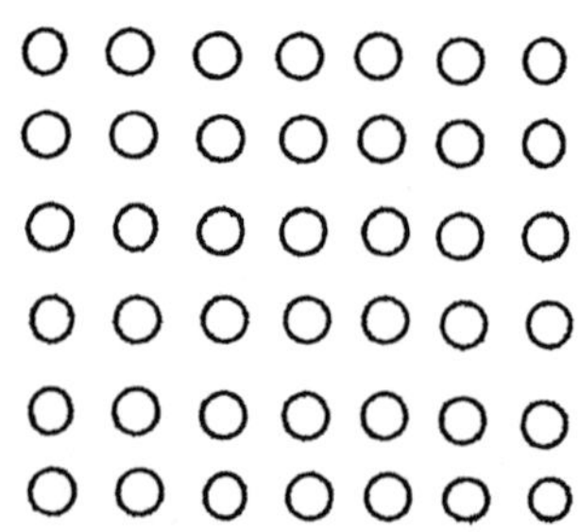

Auf das Hunderterfeld übertragen ergeben sich dann für die Kinder vielfältige Berechnungsmöglichkeiten. Hierzu wird ein sogenannter "1x1-Winkel" verwendet. Für die Kinder bieten sich u. a. folgende Berechnungsmöglichkeiten an:

6 ✳ 7 = 25 + 10 + 5 + 2 = 42
6 ✳ 7 = 25 + 12 + 5 = 42
6 ✳ 7 = 35 + 7 = 42

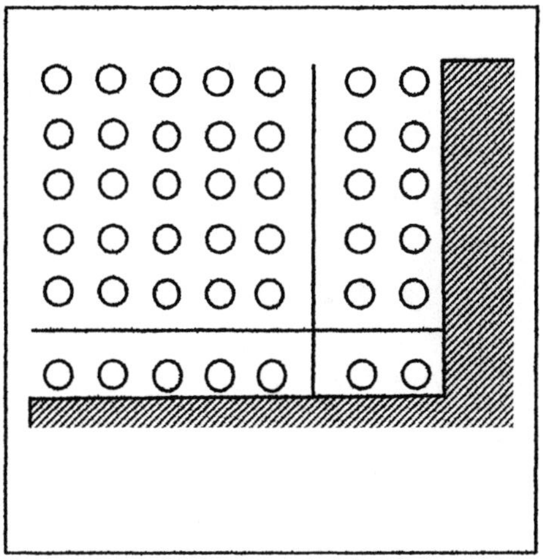

Insgesamt knüpft dieser Ansatz an die ganzheitliche Tradition in der Mathematikdidaktik an. Er bietet eine relativ ausgefeilte und deckende Sammlung von Schüleraktivitäten für den Arithmetikunterricht an. Wiewohl die beiden Autoren in ihren eher theoretischen Ausführungen zu ihrem Ansatz auch die soziale Komponente des Mathematiklernens betonen, sind in ihren praktischen Vorschlägen Konzeptionalisierungen der sozialen Interaktion nur beiläufig erwähnt. Beherzigt man BRUNERs oben erwähnte Erkenntnis (s. Kap 2), daß ein Lehr-Lern-Prozeß konstitutiv durch die Strukturierung der Interaktion bestimmt ist, so scheinen hinsichtlich dieses Aspektes Ergänzungen und Erweiterungen angezeigt.

5.2.2. DER ANSATZ DES SCHRIFTLICH-REFLEKTIERENDEN MATHEMATIKLERNENS

Zentrales Anliegen der beiden Autoren GALLIN & RUF (1993) ist die Verwirklichung eines Unterrichts, den Aufbau mathematisch korrekter Kenntnisse und Fertigkeiten anzuleiten und zugleich den Lernenden ihren subjektiv einzigartigen Zugang zu diesen Kenntnissen zu erlauben. Die Autoren glauben dies ermöglichen zu können, indem sie die Schüler zum einen den Stoff unter einer sogenannten "Kernidee" angehen und zum anderen in schriftlicher Form ihren Lernweg dokumentieren lassen:

> "Während Kernideen fachliche und emotionale Fixpunkte der Orientierung darstellen und individuelle Lernprozesse auslösen, dient das Reisetagebuch der Sicherung individueller Spuren im weitläufigen Stoffgebiet " (S. 5).

Auf beide Begriffe soll kurz eingegangen werden:

Die beiden Autoren gehen davon aus, daß ein lernendes Kind "von Anfang an nach dem Ganzen" greifen möchte und sich nicht mit "Bagatellen", wie man sie in einem traditionellen schwierigkeitsgestuften Unterricht anbieten würde bzw. müßte, beschäftigen will. Ein Kind möchte so z. B. etwas über die ganze Welt erfahren und nicht nur von der eigenen Umgebung (S. 3f.), oder es möchte sich mit seiner in der Regel wohl sehr großen "Lieblingszahl" (S. 16) beschäftigen und nicht nur mit den Zahlen von 1 bis 5 usw. Derartige handlungswirksame und oft unreflektierte Antriebe, die immer einem persönlichen Handlungsbedürfnis zugrunde zuliegen scheinen, nennen GALLIN und RUF eine "Kernidee" (S. 4, 5, 10-14).

Die Schwierigkeit liegt nach Meinung der Autoren darin, Kinder zur Generierung von Kernideen zu bewegen, die eine *fachliche* Auseinandersetzung ermöglichen. Hierzu glauben sie, nach ihren eigenen Erfahrungen solle man als Lehrperson seine eigenen fachlichen Kernideen in einer für die Kinder nachvollziehbaren Weise offenlegen. Unterrichtsvorbereitung gewinne hierdurch einen anderen Charakter: man plane nicht mehr einen Unterricht, der auf ein Umgehen von Lernschwierigkeiten ziele, sondern man versuche, selbst Rechenschaft abzugeben, was einen an der Unterrichtung des aktuellen Stoffes interessiere (Kernidee des Lehrers). Die beiden Autoren geben mehrere Beispiele für solche Kernideen, insgesamt jedoch erscheint es relativ unklar, wie man zu derartigen Ideen kommen kann. Möglicherweise ist auch eine Präzisierung dieses Gedankens gar nicht sinnvoll, da es damit wieder zu einer Art methodisch geleiteten Lehrgangs kommen könnte, in dem die Lehrperson nicht mehr gehalten ist, sich um neue Kernideen Gedanken zu machen. In ihrer kreativen und wenig planbaren Generierung scheint mit ein Charakteristikum dieses Ansatzes zu liegen.

Das Reisetagebuch stellt ein neues und systematisch zu nutzendes Medium zur Kommunikation zwischen Lehrer und Schüler dar. Es dient dazu, daß ein Schüler seine Gedanken in einer besonders verantwortlichen Form, nämlich der schriftlichen, darlegt. GALLIN und RUF behaupten, daß mit dem Gebrauch der schriftlichen Sprache im Mathematikunterricht dem "Übel des verständnislosen Hantierens mit Algorithmen" (S. 14) begegnet werden kann. Hierbei gilt es zu berücksichtigen, daß die Autoren davon ausgehen, daß die Kinder sich in ihrem Reisetagebuch nicht in einer Fachsprache, sondern in ihren persönlichen Formulierungen auszudrücken versuchen.

In die Reisetagebücher tragen die Lehrer beispielsweise bestimmte Arbeitsaufträge ein, die dann vom jeweiligen Kind in dem Buch bearbeitet werden. Diese Niederschrift wird wiederum vom Lehrer gelesen und kommentiert. Dies führt wiederum zu bestimmten Aufträgen an das Kind usw. Hierdurch entsteht ein privater schriftlicher Gedankenaustausch zwischen je einem Schüler und dem Lehrer. Ein hohes Maß an individualisiertem Lernen scheint hierdurch ermöglicht zu werden.

Sicherlich scheint dieses Vorgehen in höheren Schulstufen leichter anwendbar zu sein als im Anfangsunterricht. Dennoch meinen die beiden Autoren, daß man mit diesem Reisetagebuch bereits bei Schulanfängern beginnen könne (S. 18). Die von ihnen vorgestellten Beispiele freilich stammen meistens nicht aus dem ersten Schuljahr. Ein Vorschlag zur Behandlung der Multiplikation in der zweiten Klasse mag den Ansatz verdeutlichen:

Der Auftrag der Lehrerin in einem Reisetagebuch der Schülerin Vera lautet:

> "**Lerne Malrechnungen zwischen 1 und 30 kennen!**
> 1. Nimm höchstens 30 Gegenstände (Klötze, Bohnen usw.) und bilde Grüppchen von gleicher Größe.
> 2. Schreibe die dazugehörige Malrechnung ins Reisetagebuch. Zum Beispiel: *3 x 4 Bohnen = 12 Bohnen.*
> 3. Suche möglichst alle Malrechnungen zwischen 1 und 30.
> 4. Welche Zahlen kommen dabei häufig vor (als Resultat oder als Bestandteil)? Welche selten?
> 5. Gib den Zahlen treffende Namen. Zum Beispiel: 24 ist ein *Treffpunkt*, 17 ist ein *Einsiedler*" (S. 19).

GALLIN und RUF sehen hierin eine fachliche Kernidee der Lehrerin, die darauf hinausläuft, dem Kind einen begrenzten Zahlenraum anzubieten, in dem es möglichst viele Querverbindungen und Inseln hinsichtlich multiplikativer Zusammenhänge erforschen soll.

Das Kind Vera stellt recht systematisch mehrere Einmaleins-Reihen auf. Dies sind das "1x1", "1x2" und "1x3" vollständig, sowie vom "1x4" bis "1x8" sämtliche Produkte, die ≤ 30 sind. Hierbei entdeckt sie ansatzweise den kommutativen Zusammenhang zwischen 4*8 und 8*4, als sie in beiden Fällen bemerkte, daß das Ergebnis 32 größer als 30 ist.

GALLIN und RUF bemerken zu diesem Beispiel, daß offensichtlich die Kernidee der Lehrerin nicht mit der Kernidee von Vera übereinstimmt. Die Schülerin scheint fasziniert von der Möglichkeit, den Zahlraum bis 30 systematisch nach Multiplikationsaufgaben zu "durchkämmen" (S. 23). Sie arbeitet daran, mit den üblichen Unterbrechungen, etwa einen halben Monat. Die beiden Autoren führen dieses aufwendige und fleißige Vorgehen von Vera auf die typische Belastbarkeit von Kernideen zurück.

In diesem Ansatz wird für die Kommunikation zwischen der Lehrerin und dem einzelnen Schüler eine Konzeption entworfen: Sie ist eine Art schriftlicher Briefwechsel, in dem eine stark individuumsbezogene Auseinandersetzung zwischen der Lehrperson und dem jeweiligen Schüler ermöglicht wird. Die Autoren reklamieren m. E. zu Recht, daß die schriftliche Fixierung mathematischer Aktivitäten durch jeden Schüler bei einem hochgradig individualisierten Unterricht unabdingbar ist. Sie dient dabei der

- Dokumentation des Geleisteten,
- Fixierung erarbeiteter Ergebnisse,
- Darlegung argumentativer Reflexion und
- Aufrechterhaltung der Motivation (durch dokumentierten Erfolg)

auf Seiten des Schülers.

GALLIN und RUF konfigurieren mit dem Reisetagebuch eine äußerst private Interaktion zwischen der Lehrperson und dem Schüler. Im Blick auf Unterricht ist freilich auch an die Interaktionen zwischen den Schülern und zwischen Lehrerin und Klasse zu denken. Insbesondere bei einer Schülergeneration, die aufgrund ihrer vorschulischen Sozialisation nur geringe soziale Erfahrungen im Umgang miteinander hat, scheint es angebracht, neben dieser höchst individualisierten Form der Interaktion mit der Lehrerin auch den fachlich orientierten Umgang unter den Schülern zu entwickeln. Im Hinblick hierauf bleibt zu fragen, ob die schriftlichen Aufzeichnungen in den Reisetagebüchern nicht einer stärkeren Strukturierung unterliegen sollten, die auch den Mitschülern einen Nachvollzug erleichtern bzw. ermöglichen würde.

5.2.3. DER ANSATZ DES INTERAKTIV-ARGUMENTIERENDEN MATHEMATIKLERNENS

Der Ansatz von COBB, YACKEL und WOOD ist aus einem Forschungsprojekt entstanden, in dem versucht wurde, Einsichten aus sogenannten "Lehrexperimenten" mit einem Schüler auf die übliche Unterrichtssitation zu übertragen (s. COBB et al. 1991; COBB et al. 1994). Sie sind dabei wie folgt vorgegangen:

1. Der Unterrichtsstoff wurde in einer detaillierten Aufgabensequenz repräsentiert. Sie beinhaltete die Arithmetik, Geometrie und das

Sachrechnen. Die Sequenz zum arithmetischen Bereich wurde so konzipiert, daß zwischen den Aufgaben eines Aufgabenblattes möglichst einsichtige mathematische Beziehungen hergestellt werden konnten (s. Beispiel unten).

2. In jeder Unterrichtsstunde haben die Schüler für etwa 20 Minuten in Partnerarbeit Teile aus dieser Sequenz zu bearbeiten. Die Anzahl der zu bearbeitenden Aufgaben war den jeweiligen Gruppen frei gestellt. Zu jeder hervorgebrachten Lösung mußten die Schüler in Zusammenarbeit mit ihrem Gruppenpartner aber erklären können, wie sie auf das Ergebnis gekommen sind.
3. Für diese Erklärungen wurden mehrere Hilfmittel eingeführt. Dies waren:
   - Steckwürfel,
   - die Hundertertafel und
   - eine Balken-Punkt Darstellung.

   Darüber hinaus haben die Kinder auch etliche Zählstrategien verwendet.
4. Im Anschluß an jede Partnerarbeitsphase wurden im lehrergelenkten Klassengespräch unterschiedliche Erklärungen zu den Lösungen erfragt. Das Ziel war hier, eine gewisse Argumentationsvielfalt zu erzeugen und mathematisch fehlerhafte Begründungen auszusortieren.

In diesem Versuch wurden neben der fachlichen Reflexion über die Art und den Schwierigkeitsgrad der Aufgabenstellungen auch explizit eine Grobstruktur des Unterrichtsablaufes festgelegt und soziale Erwartungen an das Schülerverhalten formuliert. Insbesondere die soziale Norm des Erklärens und Begründens soll hier genauer dargestellt werden.

In einer zweiten Klasse wurde u. a. das auf der nächsten Seite wiedergegebene Aufgabenblatt behandelt[1]: Zu Beginn der Stunde geht die Lehrerin dieses Aufgabenblatt durch, wohl in der Absicht, sicherzustellen, daß die Schüler die unterschiedlichen Formen der Aufgabenstellungen auch verstehen. Es wird geklärt, daß die ersten drei Aufgaben "Minusaufgaben" und die anschließenden vier "Plusaufgaben" seien. Zu den letzten vier Aufgaben wird herausgearbeitet, daß man die mittlere

1 Es handelt sich hier um die Stunde vom 27. Januar 1987

Zahl herausfinden muß und daß dabei häufig die gelösten anderen Aufgaben helfen können.

Sodann arbeiten die Kinder in den gewohnten Zweiergruppen dieses Aufgabenblatt durch. Für die schnelleren Gruppen stehen weitere Aufgabenblätter zur Verfügung. Die Schüler werden aber nicht darauf verpflichtet, möglichst viele Aufgaben zu bearbeiten. Sie sollen vielmehr zusammenarbeiten, sich helfen und bei aufkommenden Fragen sich wechselseitig ihre Ideen erklären. Im "Originalton" dieser Klasse lautet der Arbeitsauftrag wie folgt:

50 - 9 = ___
60 - 9 = ___
60 - 19 = ___
41 + 19 = ___
31 + 29 = ___
31 + 19 = ___
32 + 18 = ___
34 + ___ = 53
38 + ___ = 54
48 + ___ = 54
(*Aufgabenblatt*)

L	Ihr sollt einander helfen und zusammenarbeiten, und wenn euer Partner nicht weiß, wie ihr die Anwort herausbekommen habt oder was ihr sonst getan habt, was sollt ihr dann tun?
Ss	Es erklären.
L	Was?
Ss	Es erklären
L	Versuchen, es zu erklären, genau.

Im dritten Kapitel ist bereits ein Beispiel zur jetzt folgenden Gruppenarbeit in dieser Stunde gegeben worden. Es ist die Szene mit Josh und Joey und ihrer Bearbeitung der Aufgabe 32+18=____. Hier kann also darauf verzichtet werden, diese Gruppenarbeitsprozesse durch eine Episode zu illustrieren.

Aus dem sich anschließenden Klassengespräch soll der Teil hier wiedergegeben werden, der sich um die Aufgabe 60-9 dreht. Zuvor ist besprochen und erklärt worden, daß 50-9=41 gilt.

Teacher	[...] the next one says 60 minus 9. [...] let´s see what you have to say	[...] die nächste ist 60 minus 9. [...] was habt ihr dazu zu sagen,
Da	We have 51	Wir haben 51 raus.
Teacher	You have 51 (*Writes on OH*)	Ihr habt 51 raus (*schreibt Ergebnis an*)
Rch	Yeah! That´s correct.	Genau! Richtig.

Teacher	Yeah! I agree [...] now I want to hear how they got this answer. What did you do to get this answer.	Genau! Stimmt [...] Jetzt möchte ich wissen, wie sie auf diese Anwort gekommen sind. Was hast du gemacht, um diese Antwort zu erhalten.
Da	We kind of ... we used the hundreds board.	Irgendwie ... wir haben die Hundertertafel benutzt
Teacher	Hundreds board. How did you use the hundreds board?	Hundertertafel. Wie habt ihr die Hundertertafel benutzt?
Jn	Well, well	Also, also ...
Teacher	Alright	Ja
	[...]	[...]
B	We took 60 on the hundred board. We took away 9 so it would be (counts backwards from 60) 1, 2, 3, 4, 5, 6 ,7 ,8 ,9. And then we got 51	Wir gingen auf die 60 in der Hundertertafel. Wir nahmen 9 weg (zählt rückwärts von 60) 1, 2, 3, 4, 5, 6 ,7 ,8 ,9. Und dann kamen wir auf 51.
Teacher	Ok, 51. Who did it a different way. Thank you gentlemen. Nice explanation. Who did it a different way? [...]	Ok, 51. Wer hat es anders gelöst. Vielen Dank die Herren. Schöne Erklärung. Wer hat es anders gelöst? [...]
	[...]	[...]
An	Well, if you have 60 minus 10, it equals 50	Also, wenn man 60 minus 10 hat, dann ergibt das 50
Teacher	Alright.	Genau.
An	So 60 minus 9 would be 51	Deshalb 60 minus 9 wäre 51
Teacher	Alright. Now, Jessie [...]	Genau. Jetzt Jessie [...]
Js	[...] I was doing the multi-links.	[...] Ich habe es mit Steckwürfeln gemacht.
Teacher	Alright, so she just used the multilinks and took away that many	Gut, sie hat einfach die Steckwürfel genommen und soviel weggenommen.
	[...]	[...]
Da	50 and 9 minus is 41 and 60 is 10 more equals 51.	50 und 9 minus ist 41 und 60 ist 10 mehr ergibt 51.

Teacher	Aha! Good for him. He said I saw 50 up here I knew 60 was what?	Aha! Gut gemacht. Er hat gesagt, ich habe hier oben 50 gesehen und hier habe ich gewußt 60 ist was?
Da	10 more.	10 mehr.
	10 more so my answer is going to be 10 more since I am taking away 9 from each one of these. Good, alright.	10 mehr deshalb ist meine Antwort 10 mehr denn ich nehme von jeder von diesen 9 weg . Gut, genau.

Dieser Unterrichtsausschnitt soll hier nicht im Detail analysiert werden. Es wird an ihm aber deutlich, daß hier die Kinder viele Lösungswege in der Gruppenarbeit gegangen sind und diese nun in einer offenen Weise im Klassengespräch vortragen.

Wie sich über das gesamte Schuljahr in dieser Klasse zeigte, wurden fast immer unterschiedliche Lösungswege in den Kleingruppen gefunden. Häufiger allerdings konnten sich die Kinder in dem anschließenden Klassengespräch nicht mehr recht an ihren Lösungsweg erinnern. Die Kinder haben in der Regel nur das Ergebnis notiert und nicht ihren Lösungsweg.

Insgesamt kommt dieser Ansatz von COBB, YACKEL und WOOD mit seiner starken Betonung der sozialen argumentativen Dimension den Anforderungen an einen modernen Grundschulunterricht entgegen. Für die heutigen Kinder mit ihren relativ schwach entwickelten Kooperationserfahrungen aus der Vorschulzeit wird hier eine Basis zu schaffen versucht, das Lernen von Mathematik in einen sozialen Prozeß wachsender und auf Argumentation gründender Zusammenarbeit zu integrieren. Hinsichtlich der Abstimmung zwischen den Sozialformen der Gruppenarbeit und des Klassengesprächs scheinen freilich noch Verbesserungen nötig, so daß der inhaltliche Zusammenhalt zwischen ihnen für die Kinder gewahrt bleibt.

Hier könnten die Ideen von GALLIN und RUF zum Reisetagebuch weiterhelfen. Denn in ihm werden ja nicht nur Ergebnisse festgehalten, sondern auch Überlegungen über ihre Entstehung. Freilich scheint, wie schon an dortiger Stelle kritisiert, die Offenheit der schriftlichen Niederlegungen für eine Auseinandesetzung zwischen Kindern eventuell zu kompliziert. Hier könnten möglicherweise die ausgefeilten Veranschaulichungshilfen aus dem Ansatz von WITTMANN und MÜLLER in eine solche schriftlich argumentierende Unterrichtskommunikation eingebunden werden. Unter Berücksichtigung aller drei Innovationsversuche deuten sich Konturen für Formate kollektiven Argumentierens eines zukünftigen Anfangsunterrichts an.

6. ZUSAMMENFASSUNG

Es sind drei Sichtweisen auf den mathematischen Anfangsunterricht dargestellt worden: Die Perspektive auf

- das Kind (Kap. 1)
- das Unterrichtsgeschehen (Kap. 2)und
- den Lehrer (Kap. 3 und 4).

Im Zuge der Abhandlung dieser drei Punkte sind auch die wesentlichen mathematischen Unterrichtsinhalte zur Sprache gekommen. Dies sind

- die Arithmetik mit ihrer zahlenraum-gebundenen Einführung in die vier Grundrechenarten Addition, Subtraktion, Multiplikation und Division (Exkurs I, II, III, IV, V und VIII),
- die Geometrie mit ihrer nur schwach ausgeprägten schwierigkeitsgestuften Themenfolge (Exkurs VII) und
- das Sachrechnen mit seinen relativ anspruchsvollen Zielen der doppelten Modellbildung (Exkurs VI).

Bei der Behandlung der *Sichtweise auf das Kind* wurde vor allem dessen kognitive Entwicklung im Blick auf das Erlernen mathematischer Inhalte im Anfangsunterricht diskutiert. Die kognitive Entwicklung ist konstruktiver Art und bereichspezifisch strukturiert, was exemplarisch am Konzept der "Mikro-Welten" beschrieben wurde (2.1.) und auch in neueren Ansätzen zur Fehleranalyse zum Ausdruck kommt (2.2.). Die im derzeitigen mathematischen Anfangsunterricht vorherrschende Fokussierung auf das Zählen im Hinblick auf die Einführung in die Addition und Subtraktion kann sich dabei in der Regel auf relativ entwickelte Vorkenntnisse der Kinder beziehen, wobei die Entwicklung des Zahlbegriffes und des Zählens bereits früh im Vorschulalter beginnt und über mehrere Stufen verläuft (2.3.).

Die *Perspektive auf das Unterrichtsgeschehen* ermöglichte Strukturen des mathematischen Unterrichtsalltags zu rekonstruieren, die zum einen für einen Unterricht im Klassenverband funktional waren, die aber zum anderen auf der Illusion basierten, daß Lehrperson und Schüler auf einer gemeinsamen fachbezogenen Rationalitätsbasis handelten (3.1.). Lehr-Lern-Situationen sind notwendig durch Deutungsdifferenzen zwischen Lehrer und Schülern ausgezeichnet und die fachliche Rationalität, also das mathematische Argumentieren und Begründen, ist mögliches Ziel aber nicht Voraussetzung der Unterrichtsinteraktion. Mathematiklernen läßt sich dann begreifen als individuelle kognitive Umstrukturierungsprozeß, der durch Partizipation in spezifischen Formaten des kollektiven Argumentierens ausgelöst, unterstützt, korrigiert und bewertet wird (3.2.)

Beim *Blick auf die handelnde Lehrperson* zeigt sich, daß ihre Wahrnehmung von Unterrichtsprozessen in systematischer Form eingeschränkt ist und daß auch Schüler eher in typische Kategorien eingeordnet und weniger gemäß einer individuellen kognitiven Analyse eingeschätzt werden. Zumindest als Tendenz bestätigt sich dies zunehmend deutlicher bei sogenannten Lehrer-Experten (4.1.). Ferner erscheint die Möglichkeit einer plansollerfüllenden Unterrichtsvorbereitung nur verwirklichbar bei einem hochgradig standardisierten und ritualisierten Unterricht. Offenere Formen von Unterricht erfordern situatives Problemlöseverhalten und entwickeltes Improvisationsvermögen auf Seiten der Lehrperson. Eine hierzu funktionale Lehrerausbildung müßte also verstärkt derartige Handlungsmöglichkeiten den auszubildenden Lehrern erfahrbar machen (4.2.). Neben traditionellen Stoffverteilungsplänen (5.1.) liegen Ansätze offenerer Unterrichtskonzepte vor, die bei kritischer Weiterentwicklung als Leitvorstellungen eines neuzeitigen mathematischen Anfangsunterrichts dienen können (5.2.).

Insgesamt ist in den vorhergehenden Darstellungen versucht worden, das Interpretationsrepertoir für Vorgänge im mathematischen Anfangsunterricht durch die Ausarbeitung der genannten drei Perspektiven zu erweitern und im Hinblick auf Möglichkeiten des unterrichtlichen Handelns von Lehrerinnen und Lehrern zu integrieren. Dem geneigten Leser sei als Ergänzung und Fortführung empfohlen, in der einschlägigen Literatur (z. B. bei BAUERSFELD 1983, COBB et. al. 1991 und 1994, ERICKSON 1982, GALLIN & RUF 1993, HUGHES 1986, KRUMMHEUER 1983, 1989 und 1992, KRUMMHEUER & VOIGT 1991, MAIER & VOIGT 1989, MEHAN 1979 und NETH & VOIGT 1991) Unterrichtsprotokolle durchzulesen und unter den drei dargelegten Gesichtspunkten zu analysieren.

7. LITERATUR

BAUERSFELD, H. (1992): Die Tragödie der Grundschullehrerausbildung. In: Occasional Paper Nr. 136 des Instituts für Didaktik der Mathematik der Universität Bielefeld

BAUERSFELD, H. (1983): Subjektive Erfahrungsbereiche als Grundlage einer Interaktionstheorie des Mathematiklernens und -lehrens. In: BAUERSFELD, H. u. a. (Hrsg.): Lernen und Lehren von Mathematik. Köln: Aulis

BAUERSFELD, H. (1993): "Language Games" in the mathematics classroom - their function and their effects. In: ders. (Hrsg.): Three Papers. Bielefeld: Occasional Paper 150 des Instituts für Didaktik der Mathematik der Universität Bielefeld

BERLINER, D. C. (1987): Der Experte im Lehrerberuf: Forschungsstrategien und Ergebnisse. In: Unterrichtswissenschaft, (15), 295-305.

BERLINER, D. C., STEIN, P., SABERS, D., CLARRIDGE, P., CUSHING, K. & PINNEGAR, S. (1988): Implications of research on pedagogical expertise and experience for mathematics teaching. In: GROUWS, D. & COONEY, T. (Hrsg.): Perspectives on research on effective mathematics teaching. Reston, Vi: National Council of Teachers of Mathematics

BETTSCHEIDER, U. (1993): Aufgaben und Möglichkeiten der Schülermodellierung in aufgabenorientierten Intelligenten Tuoriellen Systemen für mathematische Interpolationsprobleme. In: Beiträge zum Mathematikunterricht 1993, 80-83.

BLOCH, K. H. (1969): Der Streit der Lehrerfrage im Unterricht in der Pädagogik der Neuzeit. Wuppertal: Henn

BLOOM, B. S. (1973, Hrsg.): Taxonomie von Lernzielen im kognitiven Bereich. Weinheim: Beltz

BROMME, R. (1992): Der Lehrer als Experte. Bern, Göttingen, Toronto: Huber

BRUNER, J. (1986): Actual minds, possible worlds. Cambridge: Harvard University Press

BRUNER, J. (1987): Wie das Kind sprechen lernt. Bern: Huber

COBB, P., WOOD, T. & YACKEL, E. (1991): A constructivist approach to second grade mathematics. In: von GLASERSFELD, E. (Hrsg.): Constructivism in mathematics education. Dodrecht, Die Niederlande: Kluwer

COBB, P., YACKEL, E. & WOOD, T. (1994): The teaching experiment classroom. In: COBB, P. & BAUERSFELD, H. (Hrsg.): The emergence of mathematical meaning: Interaction in classroom cultures. erscheint demnächst

COOK-GUMPERZ, J. & GUMPERZ, J. J. (1982): Communicative competence in educational persepctive. In: WILKINSON, L. Ch. (Hrsg.): Communicating in the classroom. New York usw.: Academic Press

DIEDERICH, J. (1988): Didaktisches Denken. Eine Einführung in Anspruch und Aufgabe, Möglichkeiten und Grenzen der Allgemeinen Didaktik. München: Juventa

DINTER, G. F. (1887): Ausgewählte pädagogische Schriften. Band 1. Langensalza: Beyer

DOYLE, W. (1986): Classroom organization and management. In: WITTROCK, M. (Hrsg.): Handbook of research on teaching. New York: McMillan

ERICKSON, F. (1982): Classroom discourse as improvisation. In: WILKINSON, L. CH. (Hrsg.): Communicating in the classroom. New York usw: Academic Press

FAUST-SIEHL, G. (1987): Themenkonstitution als Problem von Didaktik und Unterrichtsforschung. Weinheim: Deutscher Studienverlag

FRICKE, A. (1986): Sachrechnen. Stuttgart: Klett

GALLIN, P. & RUF, U. (1993): Sprache und Mathematik in der Schule. Ein Bericht aus der Praxis. In: Journal für Didaktik der Mathematik, 14(1), 3-33.

GARDNER, H. (1993): Der ungeschulte Kopf. Wie Kinder denken. Stuttgart: Klett-Cotta

GUTSCHMIDT, G. (1989): Kinder in Einelternfamilien und Einzelkinder. In: FÖLLING-ALBERS, M. (Hrsg.): Veränderte Kinheit - veränderte Grundschule. Frankfurt: Arbeitskreis Grundschule e. V.

HEINZE, Th. (1980): Schülertaktiken. München: Urban & Schwarzenberg

HOLLAND, G. (1990): Schülermodellierung bei aufgabenorientierten intelligenten tutoriellen Systemen. In: DÖRFLER, W., PESCHEK, W.,

SCHNEIDER, E. & WEGENKITTL, K. (Hrsg.): Computer - Mensch - Mathematik. Wien, Stuttgart: Hölder-Pichler-Tempsky, Teubner

HOLLAND, G. (1992): Computerunterstützung beim Lösen geometrischer Konstruktionsaufgaben. In: Zentralblatt für Didaktik der Mathematik, (4), 136-143.

HUGHES, M. (1986): Children and number. Difficulties in learning mathematics. Oxford, UK: Basil Blackwell

KLAFKI, W. (1971): Der Begriff der Didaktik (im engeren Sinn) im Verhältnis zur Methodik. In: Funkkolleg Erziehungswissenschaft. Frankfurt: Fischer

KRUMMHEUER, G. (1983): Algebraische Termumformungen in der Sekundarstufe I. Bielefeld: Insitut für Didaktik der Mathematik; Materialien und Studien Bd. 31

KRUMMHEUER, G. (1989): Die Veranschaulichung als "formatierte" Argumentation im Mathematikunterricht. In: mathematica didactica, 12(Heft 4), 225-243.

KRUMMHEUER, G. (1992): Lernen mit 'Format'. Elemente einer interaktionistischen Lerntheorie. Diskutiert an Beispielen mathematischen Unterrichts. Weinheim: Deutscher Studienverlag

KRUMMHEUER, G. (1993): Orientierungen für eine mathematikdidaktische Forschung zum Computereinsatz im Unterricht. In: Journal für Mathematikdidaktik, 14(1), 59-92.

KRUMMHEUER, G. & VOIGT, J. (1991): Interaktionsanalysen von Mathematikunterricht. Ein Überblick über Bielefelder Arbeiten. In: MAIER, H. & VOIGT, J. (Hrsg.): Interpretative Unterrichtsforschung. Köln: Aulis

LAWLER, W. (1980): The progressive construction of mind. In: Cognitive Science, (5), 1-30.

LEINHARDT, G. & GREENO, J. (1986): The cognitive skill of teaching. In: Journal of Educational Psychology, (78), 75-95.

LEINHARDT, G. & PUTNAM, R. R. (1986): Profile of expertise in elementary school mathematics teaching. In: Arithmetic Teacher, (34), 28-29.

LESH, R. & KELLY, A. E. (1991). Human simulation of computer tutors: Lessons learned in a ten-week study of twenty human mathematics tutors. In FURINGHETTI, F. (Ed.), FIFTEENTH PME CONFERENCE,

II (pp. 301-308). Assisi, Italien: Programm Committee of the 15th PME Conference, Italy.

LÖRCHER, A. & RÜMMELE, H. (1987): Fördern - aber wie? Düsseldorf: Ministerium für Arbeit, Gesundheit und Soziales des Landes NRW

LORENZ, J. H. & RADATZ, H. (1993): Handbuch des Förderns im Mathematikunterricht. Hannover: Schroedel

LORENZ, J. H. (1992): Anschauung und Veranschaulichungsmittel im Mathematikunterricht. Göttingen usw.: Hogrefe

LOSER, F. (1966): Die anthropologische Betrachtungsweise einer Geschichte des Lehrens und Lernens. In: Zeitschrift für Pädagogik, 12(2), 425-443.

MAIER, H. & VOIGT, J. (1989): Die entwickelnde Lehrerfrage im Mathematikunterricht, Teil 1. In: mathematica didactica, 12(1), 23-55.

MAIER, H. (1990): Didaktik des Zahlbegriffs. Hannover: Schroedel

MEHAN, H. (1979): Learning lessons. Cambridge: Harvard University Press

MEYER, H. (1987): Unterrichtsmethoden II: Praxisband. Frankfurt am Main: Cornelsen Verlag Scriptor, 5. Auflage

MILLER, M. (1986): Kollektive Lernprozesse. Frankfurt am Main: Suhrkamp

NETH, A. & VOIGT, J. (1991): Lebensweltliche Inszenierungen - Die Aushandlung schulmathematischer Bedeutungen an Sachaufgaben. In: MAIER, H. & VOIGT, J. (Hrsg.): Interpretative Unterrichtsforschung. Köln: Aulis

OHLSSON, S. (1986): Some principles of intelligent tutoring. In: Instructional Science, 14(3-4), 293-326.

PADBERG, F. (1992): Didaktik der Arithmetik. Mannheim usw.: BI Wissenschaftsverlag, 2. Auflage

RADATZ, H. & RICKMEYER, K. (1991): Handbuch für den Geometrieunterricht an Grundschulen. Hannover: Schroedel

RADATZ, H. & SCHIPPER, W. (1983): Handbuch für den Mathematikunterricht an Grundschulen. Hannover: Schroedel

RADATZ, H. (1980): Fehleranalysen im Mathematikunterricht. Braunschweig: Vieweg

RAUSCHENBERGER, H. (1989): Wenn ein Kind auf dem Schrank sitzen bleibt... Über den tiefgreifenden Wandel in der Grundschule und die unzureichenden Antworten der Politiker. In: Hessische Lehrerinnen und Lehrer Zeitung für Erziehung, Bildung und Forschung der GEW Hessen, 42(10), 9 u. 10.

ROSE, G. (1960): Lebendiger Rechen- und Raumlehrunterricht. Kiel: Hirt

SACKS, H. (1972): On the analyzability of stories by children. In: GUMPERZ, J. J. & HYMES, D. (Hrsg.): Directions in sociolinguistics. The ethnography of communication. New York: Holt, Rinehart, and Winston

SAXE, G. B., GUBERMAN, S. R. & GEARHART, M. (1987): Social Processes in early number development. Monographs of the Society for Research in child Development: Serial No. 216, Vol. 52, No. 2

SEILER, T. B. (1973): Die Bereichsspezifität formaler Denkstrukturen - Konsequenzen für den pädagogischen Prozeß. In: FREY, K. & LANG, M. (Hrsg.): Kognitionspsychologie und naturwissenschaftlicher Unterricht. Bern: Huber

SINCLAIR, J. M. & COULTHARD, M. (1977): Analyse der Unterrichtssprache. Ansätze zu einer Diskursanalyse am Sprachverhalten englischer Lehrer und Schüler. Heidelberg: Quelle & Meyer

STRUCK, P. (1992): Schul- und Erziehungsnotstand in Deutschland. Neuwied: Luchterhand

TERHART, E. (1983): Unterrichtsmethode als Problem. Weinheim: Beltz

TIETZE, U. P. (1991): Mathematikunterricht im Denken von Mathematiklehrern. In: MAIER, H. & VOIGT, J. (Hrsg.): Interpretative Unterrichtsforschung. Köln: Aulis

WENGER, E. (1988): Artifical intelligence and tutoring systems. Los Altos, CA.: Morgan Kaufman

WINTER, H. (1985): Sachrechnen in der Grundschule. Problematik des Sachrechnens. Funktions des Rechnens. Unterrichtsprojekte. Bielefeld: Cornelsen-Velhagen:

WINTER, H. (1987): Mathematik entdecken. Neue Ansätze für den Unterricht in der Grundschule. Frankfurt am Main: Scriptor

WITTMANN, E. C. & MÜLLER, G. N. (1990): Handbuch produktiver Rechenübungen. Band 1: Vom Einspluseins zum Einmaleins. Stuttgart: Klett

WITTMANN, E. C. & MÜLLER, G. N. (1992): Handbuch produktiver Rechenübungen. Band 2: Vom halbschriftlichen zum schriftlichen Rechnen. Stuttgart: Klett

WITTMANN, E. C. (1988): Das Prinzip des aktiven Lernens und das Prinzip der kleinen und kleinsten Schritte in systematischer Sicht. In: Beiträge zum Mathematikunterricht 1988, 339-342.

8. TRANSKRIPTIONSREGELN

Die verwendeten Unterrichtstranskripte stammen aus unterschiedlichen Projekten und Veröffentlichungen. Dies hat zur Folge, daß fast jedes Transktipt nach anderen Regeln erstellt wurde. Soweit es möglich war, ist versucht worden, dies zu vereinheitlichen. Hierbei wurden die folgenden Regeln zugrunde gelegt (s. z. B. KRUMMHEUER, 1992): Das Transkript enthält, soweit rekonstruierbar

- die verbalen Äußerungen der Beteiligten und
- die nonverbalen Aktivitäten, wie z. B. auffällige Körperhaltungen, auffallende Blickrichtungen, Zeichungen auf der Tafel usw.

<u>I. Linguistische Zeichen</u>

<u>(a) Identifizierung des Sprechers</u>

L	Lehrer
S	Schüler
S_1	Kennzeichnung der Schüler, wenn eine Unterscheidung zwischen verschiedenen nicht genauer identifizierbaren Schülern nötig wird
Max	Kennzeichnung eines mit Namen identifizierten Schülers

<u>(b) Charakterisierung der Äußerungsfolge:</u>

Wegen der häufig im Unterricht auftretenden gleichzeitigen bzw. zeitlich nur leicht verschobenen Äußerungen wird im Bedarfsfall eine Partiturschreibweise verwendet. Die zueinander verschobenen Äußerungen geben ihre "Einsätze" in Relation zu den anderen Äußerungen an, z. B.:

4	L:				die Fläche eines Rechteckes		
5	S1:	Uaach					
6	S2:		Länge mal Breite				
7	S3:			Fläche oder oder Inhalt			
8	S4:					Flasche	
9	S5:						Länge mal Breite
10	S6:						Ja mein ich doch

<u>II. paralinguistische Zeichen</u>

,	kurzes Absetzen innerhalb einer Äußerung
..	kurze Pause (max. 2 sec.)
...	längere Pause (max. 3 sec)
(4 sec)	Pause mit Angabe der Länge
.	Senken der Stimme am Ende einer Äußerung
-	Stimme bleibt in der Schwebe am Ende einer Äußerung
'	Heben der Stimme am Ende einer Äußerung
<u>diesmal</u>	Unterstreichung für auffällige Betonung
<u>d</u>i<u>e</u>s<u>mal</u>	gebrochene Unterstreichung für Dehnung des Wortes

<u>III. Charakterisierung der non-verbalen Aktivitäten</u>

Non-verbale Aktivitäten werden in die transkribierten Äußerungen eingeklammert eingefügt und durch kursiven Schrifttyp zusätzlich gekennzeichnet.